K. K. Sternwarte zu Prag

Magnetische und meteorologische Beobachtungen

K. K. Sternwarte zu Prag

Magnetische und meteorologische Beobachtungen

ISBN/EAN: 9783744647762

Hergestellt in Europa, USA, Kanada, Australien, Japan

Cover: Foto ©ninafisch / pixelio.de

Weitere Bücher finden Sie auf **www.hansebooks.com**

MAGNETISCHE UND METEOROLOGISCHE

BEOBACHTUNGEN

AN DER

K. K. STERNWARTE ZU PRAG IM JAHRE 1897.

Auf öffentliche Kosten herausgegeben

von

Professor Dr. L. WEINEK,

Director der k. k. Sternwarte in Prag.

58. Jahrgang.

PRAG.

K. u. k. Hofbuchdruckerei A. Haase. — Selbstverlag.

[illegible]

Inhalt.

Vorwort.

Der vorliegende Band enthält die, im Jahre 1897 an der k. k. Sternwarte zu Prag angestellten, magnetischen und meteorologischen Beobachtungen nebst deren Reductionen und bildet den 58. Jahrgang in der Reihenfolge der bezüglichen Veröffentlichungen. Die Form des Jahrbuches ist die gleiche geblieben.

An den Instrumenten erfolgten keinerlei Veränderungen; ihr Functioniren war im Allgemeinen während des ganzen Jahres ein zufriedenstellendes.

Im Personal der Sternwarte trat ein mehrfacher Wechsel ein. Die beiden Assistenten, Herr Karl Koeppner und Herr Rudolf Benesch, verliessen die Sternwarte am 1. October bezw. am 16. September, ersterer, um eine Supplentur an der Staats-Oberrealschule in Karolinenthal nächst Prag, letzterer, um eine solche am Staats-Obergymnasium in Eger zu übernehmen. An ihre Stellen kamen die Phil. Candidaten: Herr Josef Grünwald als erster Assistent und Herr Arthur Scheller als zweiter Assistent. Leider erkrankte Herr Grünwald gegen Ende October nicht unbedenklich und sah sich dadurch genöthigt, seine Stelle mit Ende November wieder niederzulegen. Dieselbe wurde hierauf vom 1. December an durch Herrn Astronom Dr. Egon Ritter von Oppolzer besetzt.

Die Reduction der Beobachtungen geschah in folgender Weise. Herr Adjunct Dr. Rudolf Spitaler besorgte fortlaufend die Reduction der magnetischen Beobachtungen, Herr Koeppner bis Ende August die Bearbeitung der Thermographen-Aufzeichnungen, sowie die Zusammenstellung des Dunstdruckes, der relativen Feuchtigkeit und der Bewölkung, Herr Benesch bis Ende Juli die Reduction des Barographen und der beiden Windautographen. Für die restlichen Monate des Jahres übernahm Herr Dr. v. Oppolzer die bemerkten meteorologischen Arbeiten des ersten Assistenten, Herr Scheller diejenigen des zweiten Assistenten.

An dem täglichen magnetischen und meteorologischen Dienste betheiligte sich ausser den Genannten noch der Sternwarten-Diener, Herr Andreas Neubauer, welcher jedoch wegen seines, immer ernster sich gestaltenden, Lungenleidens mit 1. December aus demselben scheiden musste. Diese schwere Erkrankung führte endlich am 20. Februar 1898 zu dessen Tode im Alter von 65 Jahren.

Mit Neubauer hat die Prager Sternwarte einen fleissigen und gewissenhaften magnetisch-meteorologischen Beobachter und einen jederzeit pflichtgetreuen, braven Diener verloren. Derselbe erhielt diese Stellung zu Anfang des Jahres 1867 — nach mehr als 13½-jähriger activer Militärdienstzeit, in welcher er als Feldwebel die Schlachten von Magenta und Solferino (1859), sowie von Skalitz (1866) mitmachte und schwer verwundet wurde. An der Prager Sternwarte diente Neubauer unter den Directoren: Böhm († 1868), Hornstein († 1882) und dem Unterzeichneten im Ganzen durch 31 Jahre. Von 1867 bis 1880 besorgte Neubauer allein täglich drei magnetisch-meteorologische Ablese-Termine. Später wurden ihm wegen seiner erschütterten Gesundheit wöchentlich nur vier Termine zugetheilt; doch ist derselbe auch gelegentlich zu Vertretungen der Assistenten, sobald diese am Beobachten verhindert waren, herangezogen worden. Neubauer's stets unverdrossene, treue und erspriessliche Hingabe an den Dienst sichert demselben ein ehrendes Andenken an der Prager Sternwarte.

Prag, im April 1898.

L. Weinek.

Geographische Lage der Prager Sternwarte.

Länge, östlich von Greenwich	0h 57m 41s	= 14° 25'
„ „ „ Paris	0 48 20	= 12 5
„ „ „ Berlin	0 4 6	= 1 2

Breite . . . . 50° 5'

Seehöhe . . . . 197,2 Meter.

RESULTATE

AUS DEN MAGNETISCHEN BEOBACHTUNGEN.

Instrumente und Beobachtungsstunden. Die absoluten magnetischen Beobachtungen wurden im eisenfreien Observatorium am Abhange des Laurenziberges angestellt. Zur Bestimmung der Declination kam der magnetische Theodolit **Edelmann** in Verwendung; zur Bestimmung der horizontalen Intensität wurde der Theodolit Lamont II verwendet. — Die Variations-Beobachtungen geschahen um 19^h, 2^h und 9^h, wobei zur Ableitung der Tagesmittel die Formel:

$$\frac{1}{3}\left(19^h + 2^h + 9^h\right)$$

benützt wurde. Wie in allen vorhergehenden Jahren erfolgte die Lesung der Declination um 15 Min., die Lesung am Bifilare um 20 Min. nach den bezeichneten Stunden.

Beobachtungen der Declination mit dem Edelmann'schen Theodoliten (III). — Berechnung der Declination aus den Angaben des Variationsinstrumentes. Die Torsion des Fadens des Edelmann'schen Theodoliten wurde auf bekannte Weise mit Hilfe eines Torsionsstabes ermittelt und in Rechnung gebracht. Der Collimationsfehler des Magnetspiegels wurde bei jeder einzelnen Bestimmung der Declination durch Umkehren des Magnetes eliminirt. Auf Seite 2 bedeuten *a* und *b* die beiden Lagen des Magnetgehäuses. — Als Mire diente die Spitze des im Jahre 1890 neu hergestellten Helmes des Altstädter Wasserthurmes, dessen Azimut zu 86° 24',77 angenommen worden ist. (Siehe: Astronomische Beobachtungen an der k. k. Sternwarte zu Prag im Jahre 1884, pag. 56.)

Die folgende Zusammenstellung gibt die Werthe für den Scalentheil 0 des Variationsinstrumentes:

1897	Werth für den Scalentheil 0	1897	Scalenth. 0 Mittel
Februar 22. Februar 24.	8° 19',86 8 19,66	Februar 23.	8° 19',76
April 20. April 23.	8 21,06 8 20,35	April 21. u. 22.	8 20,70
Juni 21. Juni 23.	8 20,58 8 19,77	Juni 22.	8 20,18
August 3. August 5.	8 20,66 8 19,69	August 4.	8 20,18
October 6. October 8.	8 18,13 8 17,81	October 7.	8 17,97
November 29. December 1.	8 16,41 8 17,52	November 30.	8 16,97

Der Werth für den Scalentheil 0 in der letzten Columne dieser Tafel diente zur Berechnung der Declination aus den Angaben des Variations-Instrumentes mittelst der Formel:

$$\text{Declination} = D_0 + 0',90113\, n,$$

wo D_0 die Declination des Scalentheiles 0 und n die Lesung in Scalentheilen bedeutet. Die Änderung von D_0 zwischen je zwei in der Tafel enthaltenen Angaben wurde der Zeit proportional angenommen. Die nach dieser Formel berechneten Declinationen jedes Tages, ferner die Tages- und Monatsmittel der Declination sind auf Seite VII u. f. zusammengestellt.

Beobachtungen der horizontalen Intensität mit dem Theodoliten II. Berechnung der horizontalen Intensität aus den Angaben des Bifilars. Die horizontale Intensität wurde mit dem Ablenkungsmagnete 1 des Theodoliten II bestimmt. Zur Berechnung der Beobachtungen diente die Formel:

$$\log X = 0,67462 - \log T - \tfrac{1}{2} \log \sin\varphi - 0,95\, t' + 4,6\, (t-t'$$

(Siehe Jahrgang 29, 1868, Seite IX), wo X die horizontale Intensität, T die Dauer einer unendlich kleinen Schwingung des Ablenkungsmagnetes, φ den corrigirten Ablenkungswinkel, t und t' die zur Beobachtung der Schwingungsdauer und der Ablenkung gehörigen Temperaturen bedeuten. Die Reduction auf unendlich kleine Schwingungen wurde mittelst der im Jahrgange 17, 1856, Seite 150 mitgetheilten Tafel bewerkstelligt. Auf Seite 3 und 4 sind bei jeder Beobachtung die Ablenkungen in der Ordnung der vorgesetzten Nummern angestellt worden.

Zur Reduction der Beobachtungen am Bifilare dient die Formel: $X = c + \varepsilon n' + kt$, wo ε den Werth eines Scalentheiles in absolutem Maasse, n die Lesung in Scalentheilen und k den Temperatur-Coefficienten bedeutet. Der Werth eines Scalentheiles, in Theilen der horizontalen Intensität ausgedrückt, wurde nach der Methode bestimmt, dass man den in der Transversallage befindlichen Magnet durch einen Hilfsmagnet um einen Winkel, der an der Scala gemessen wird, ablenkt und dann auch die Ablenkung misst, die dieser Ablenkungsmagnet beim Declinationsmagnet bewirkt, wenn er in Bezug auf diesen in gleicher Lage und Distanz aufgelegt wird. Eine zweifache Bestimmung ergab

$$\frac{\varepsilon}{X} = 0{,}0002526.$$

Daraus folgt der Werth eines Scalentheiles in absolutem Maasse, $\varepsilon = 0{,}0004975$. Der Temperaturcoefficient k wurde mittelst der im eisenfreien Observatorium beobachteten Werthe von X aus den Gleichungen $X = c + \varepsilon n' + kt$ abgeleitet und nahezu gleich dem in den vorhergehenden Jahren verwendeten Werthe $k = 0{,}002292$ gefunden. Dieser Werth wurde vorläufig bei der Reduction der Beobachtungen am Bifilare verwendet. Der Werth c wurde ermittelt aus der Gleichung $c = X - \varepsilon n' - kt$.

Übersicht über die Constante c.

1897	Februar	24.	c = 1,8914
	April 21. u. 22.		1,8911
	Juni	23.	1,8919
	August	5.	1,8912
	October	8.	1,8901
	December	1.	1,8888

Durch Interpolation erhält man heraus c für jeden Tag des Jahres 1897 und hat dann zur Berechnung der horizontalen Intensität X aus den Angaben des Bifilars die Formel: $X = c + 0{,}0004975\, n' + 0{,}002292\, t$. Die so erhaltenen Werthe von X für die einzelnen Beobachtungsstunden jedes Tages, sowie die Tages- und Monatsmittel findet man im Folgenden zusammengestellt.

Monatsmittel der Declination und der horizontalen Intensität im Jahre 1897.

1897	Declination				Horizontale Intensität			
	19h	2h	9h	Mittel	19h	2h	9h	Mittel
Januar	9° 21,97	9° 24,79	9° 20,48	9° 22,41	1,9886	1,9878	1,9877	1,9880
Februar	21,46	25,32	20,78	22,52	9887	9880	9883	9883
März	20,43	27,47	20,97	22,92	9884	9871	9879	9877
April	18,71	28,04	20,32	22,36	9873	9863	9881	9872
Mai	17,80	26,96	20,72	21,83	9869	9870	9883	9874
Juni	16,64	26,11	20,98	21,25	9870	9878	9887	9877
Juli	16,86	26,56	20,61	21,34	9882	9882	9899	9888
August	17,47	26,86	20,47	21,60	9882	9891	9900	9891
September	17,65	25,31	19,57	20,84	9881	9885	9890	9885
October	18,36	22,80	18,04	19,73	9899	9893	9899	9897
November	18,34	20,44	16,58	18,46	9902	9895	9895	9897
December	17,64	19,19	16,34	17,72	9893	9881	9886	9886
Jahr	9° 18,60	9° 24,99	9° 19,65	9° 21,08	1,9884	1,9880	1,9888	1,9884

Tägliche Variation der Declination und der horizontalen Intensität im Jahre 1897

(abgeleitet aus 19h, 2h u. 9h).

1897	Variation der	
	Declination	Horiz. Intensität in Einheiten der 4. Decimale
Januar	4,31	9
Februar	4,54	7
März	7,14	10
April	9,33	18
Mai	9,16	14
Juni	9,47	17
Juli	9,70	17
August	9,39	18
September	7,66	9
October	4,76	6
November	3,86	7
December	2,85	12
Jahr	6,85	12

Reducirte Beobachtungen der Declination und der horizontalen Intensität im Jahre 1897.

Januar.

Tag	Declination				Horizontale Intensität			
	19h	2h	9h	Tagesmittel	19h	2h	9h	Tagesmittel
1	9 22,6	9 25,2	9 14,0	9 20,6	1,8895	1,8844	1,8866	1,8868
2	27,0	37,9	13,7	26,2	879	769	765	804
3	21,4	28,5	20,7	22,6	841	819	853	836
4	22,1	23,7	21,4	22,4	873	840	867	867
5	22,2	23,4	22,0	22,5	883	846	874	876
6	21,2	23,1	21,4	22,1	882	840	865	862
7	22,1	23,3	21,9	22,6	880	844	866	867
8	22,1	23,9	19,1	21,7	887	896	851	860
9	21,2	23,2	21,7	22,0	879	916	888	891
10	23,3	24,2	23,4	23,9	843	898	868	890
11	23,1	27,6	21,9	23,9	892	849	874	878
12	21,3	21,9	14,4	20,2	875	884	872	877
13	21,7	24,8	22,2	22,8	872	890	898	882
14	21,5	24,4	22,9	22,9	868	850	883	877
15	24,6	24,0	22,0	23,6	861	865	890	875
16	21,8	24,5	20,0	22,1	883	841	864	877
17	22,4	24,7	20,4	22,5	894	865	891	890
18	21,8	23,4	21,4	22,2	887	884	881	884
19	21,3	23,6	19,6	21,7	894	880	874	885
20	21,6	22,9	21,6	22,0	890	846	891	869
21	21,8	22,9	21,6	22,0	894	886	892	891
22	22,0	23,6	21,4	22,3	884	897	892	891
23	21,5	25,3	21,4	22,7	899	890	893	894
24	21,6	23,7	21,1	22,1	894	892	846	891
25	21,3	26,0	17,8	21,7	891	865	865	881
26	21,4	23,8	21,3	22,2	889	892	880	890
27	21,4	25,0	21,5	22,6	892	891	889	892
28	21,1	24,1	20,8	21,8	880	847	885	847
29	21,6	27,8	21,4	23,6	907	855	888	843
30	21,4	23,8	20,1	21,7	897	892	878	887
31	21,4	25,1	21,3	22,6	892	871	891	886
Mittel	9 21,99	9 24,79	9 20,48	9 22,41	1,8886	1,8878	1,8877	1,8868

Februar.

Tag	Declination				Horizontale Intensität			
	19h	2h	9h	Tagesmittel	19h	2h	9h	Tagesmittel
1	9 22,5	9 24,1	9 21,5	9 22,7	1,8891	1,8874	1,8885	1,8887
2	22,5	24,0	21,4	22,6	883	894	891	893
3	22,1	28,4	18,7	23,4	896	880	865	881
4	22,6	25,7	21,5	23,2	875	864	866	888
5	21,4	24,5	20,1	22,0	878	883	891	894
6	21,2	24,6	19,6	21,8	887	859	890	889
7	20,6	24,9	20,2	21,9	883	867	881	877
8	21,2	24,5	21,5	22,4	874	880	894	879
9	20,0	24,4	21,4	21,9	881	863	894	886
10	21,1	25,1	16,8	21,0	867	876	895	887
11	21,1	25,5	22,0	22,9	882	875	888	887
12	21,6	26,5	22,1	23,0	891	882	886	896
13	20,7	25,6	16,7	21,0	891	876	846	884
14	24,0	21,4	19,0	22,5	887	873	874	878
15	21,6	25,3	21,5	22,8	896	890	886	891
16	21,4	25,8	21,7	23,0	886	883	886	885
17	22,0	25,5	21,3	23,0	890	867	887	888
18	21,5	24,7	22,1	22,9	889	867	886	888
19	22,0	25,6	22,4	23,4	897	880	882	890
20	21,8	26,7	22,3	23,3	894	894	887	892
21	22,1	25,6	21,7	23,1	894	868	881	881
22	21,4	26,0	21,3	22,9	889	877	871	879
23	21,1	27,0	21,5	23,2	896	867	876	880
24	21,2	27,0	22,1	23,4	887	880	889	885
25	21,8	25,7	21,2	22,9	890	887	916	898
26	19,4	26,1	20,9	22,1	871	871	861	868
27	20,1	21,6	17,2	20,6	874	873	872	878
28	20,6	25,0	19,0	21,5	881	877	872	877
Mittel	9 21,46	9 25,12	9 20,78	9 22,52	1,8887	1,8880	1,8883	1,8883

März 1897.

Tag	Declination				Horizontale Intensität			
	19h	2h	9h	Tagesmittel	19h	2h	9h	Tagesmittel
1	9 18,8	9 25,7	9 19,6	9 21,4	1,9892	1,9880	1,9869	1,9880
2	20,1	26,3	19,2	21,9	877	888	888	884
3	20,7	28,5	19,9	23,0	887	882	873	881
4	21,6	27,8	18,8	23,3	876	841	848	855
5	22,9	26,4	19,6	23,0	872	870	857	866
6	19,4	29,6	21,9	23,6	873	859	879	870
7	20,9	25,6	22,0	22,8	895	864	884	881
8	20,9	28,0	18,5	22,6	882	856	870	869
9	19,6	31,0	21,1	23,9	889	843	874	869
10	19,8	26,6	21,7	22,7	890	876	887	884
11	20,6	26,5	22,2	23,1	880	860	885	875
12	21,4	26,6	21,9	23,3	885	878	886	883
13	20,3	26,0	21,2	22,5	876	871	873	873
14	20,8	28,0	21,9	23,6	887	877	883	882
15	20,4	28,4	22,2	23,0	885	887	884	885
16	19,5	26,1	22,2	22,7	876	873	890	880
17	20,1	28,0	20,7	22,9	881	878	879	882
18	20,6	27,4	21,8	23,3	884	872	898	881
19	19,7	27,9	20,8	22,8	882	877	884	880
20	20,1	27,6	22,2	23,3	880	878	884	881
21	21,1	28,3	22,1	23,8	886	881	884	884
22	20,7	27,1	20,6	22,8	886	878	870	878
23	19,5	26,7	20,7	22,3	873	863	871	869
24	19,8	27,2	22,1	23,0	879	875	879	878
25	19,9	27,6	21,9	23,1	877	858	879	871
26	20,3	26,2	22,0	22,8	863	866	857	869
27	19,6	27,7	20,1	22,5	881	870	885	882
28	18,8	28,5	21,4	22,9	886	867	876	876
29	19,5	30,3	16,7	22,2	879	859	895	878
30	21,0	29,7	20,9	23,5	870	852	877	866
31	19,7	27,3	22,1	23,0	868	871	894	878
Mittel	9 20,33	9 27,17	9 20,97	9 22,94	1,9881	1,9871	1,9879	1,9877

April.

Tag	19h	2h	9h	Tagesmittel	19h	2h	9h	Tagesmittel
1	9 17,3	9 28,2	9 19,4	9 21,6	1,9867	1,9874	1,9869	1,9870
2	23,6	31,7	21,7	25,3	859	862	878	866
3	17,9	28,8	22,1	22,9	866	867	876	870
4	19,3	29,1	21,8	23,4	873	849	878	867
5	18,6	27,9	22,2	22,9	878	859	881	873
6	18,1	29,2	17,2	21,5	859	863	868	863
7	18,1	27,8	21,1	22,3	870	855	880	868
8	17,5	29,3	22,3	23,0	868	864	896	876
9	17,6	28,5	22,1	22,7	876	861	892	877
10	18,0	29,0	20,2	22,4	892	821	879	864
11	20,4	27,8	22,1	23,4	886	861	882	876
12	18,6	27,4	22,0	22,7	892	872	890	885
13	22,0	26,5	20,1	22,9	890	865	883	879
14	19,9	26,5	22,8	23,1	870	849	885	868
15	17,8	28,4	22,3	22,8	868	871	887	863
16	18,4	29,7	16,5	21,5	892	879	911	894
17	20,9	28,3	23,1	24,8	866	863	885	878
18	19,4	26,3	21,0	21,9	880	867	882	876
19	18,5	27,6	17,1	21,1	874	863	875	877
20	18,1	30,3	16,0	21,5	859	799	865	841
21	18,2	28,9	20,8	22,0	867	860	865	864
22	18,0	25,7	21,7	21,8	868	861	884	871
23	17,7	32,8	12,5	21,0	895	855	875	872
24	17,9	27,0	17,6	20,8	851	849	879	860
25	19,3	26,0	21,5	22,3	852	856	875	861
26	17,8	27,9	19,6	21,8	868	870	874	871
27	20,2	25,8	19,7	21,9	867	859	878	875
28	14,3	27,4	21,9	21,9	873	864	881	879
29	17,2	28,8	21,3	22,4	876	865	876	872
30	17,6	27,5	20,8	22,0	877	865	879	880
Mittel	9 18,71	9 28,04	9 20,12	9 22,26	1,9873	1,9863	1,9881	1,9872

Mai 1897.

Tag	Declination				Horizontale Intensität			
	19h	2h	9h	Tagesmittel	19h	2h	9h	Tagesmittel
1	9 16,1	9 28,0	9 21,7	9 21,9	1,9864	1,9868	1,9884	1,9872
2	16,0	31,9	8,9	19,6	862	877	890	883
3	17,3	29,5	21,7	22,8	869	882	882	878
4	16,8	26,7	23,1	22,4	865	873	868	875
5	14,7	26,4	23,2	22,1	869	869	895	878
6	20,2	27,0	22,0	23,1	888	863	890	877
7	19,1	25,1	21,4	21,9	869	878	882	876
8	16,3	28,2	21,6	21,8	878	892	886	885
9	17,4	25,9	22,3	21,6	874	873	888	881
10	17,3	24,6	22,4	21,4	883	886	902	890
11	19,5	28,0	21,7	23,1	883	876	887	882
12	16,2	28,9	23,0	22,4	882	879	894	885
13	18,0	29,4	21,6	23,0	893	889	901	895
14	17,7	27,8	20,0	21,8	861	864	893	873
15	17,4	26,1	20,8	21,4	861	880	889	877
16	17,3	26,4	21,7	21,8	869	887	893	883
17	16,8	29,9	14,3	20,9	869	873	886	866
18	16,4	25,6	21,6	21,2	863	879	889	877
19	18,1	26,6	21,0	21,9	876	841	901	866
20	17,1	26,8	21,7	21,9	860	870	894	875
21	18,2	29,2	22,0	23,1	857	900	876	878
22	19,3	26,0	20,1	21,8	859	848	862	856
23	15,3	25,7	21,0	20,7	847	861	875	861
24	15,4	24,5	20,5	20,1	846	865	884	865
25	16,0	28,9	19,4	20,8	862	861	871	868
26	17,1	28,4	20,8	22,1	863	860	890	864
27	15,6	26,2	21,5	21,1	860	874	878	871
28	17,2	27,3	20,7	21,7	860	867	893	880
29	16,0	26,2	21,6	21,3	873	883	889	882
30	27,5	27,1	19,7	24,8	871	827	872	857
31	17,3	25,4	20,8	21,2	857	858	882	866
Mittel	9 17,07	9 26,96	9 20,71	9 21,85	1,9869	1,9870	1,9883	1,9874

Juni.

Tag	Declination				Horizontale Intensität			
	19h	2h	9h	Tagesmittel	19h	2h	9h	Tagesmittel
1	9 16,4	9 26,2	9 21,3	9 21,2	1,9866	1,9878	1,9894	1,9875
2	16,3	26,8	20,7	21,3	880	877	883	880
3	17,1	26,0	18,7	21,3	860	860	869	860
4	21,1	27,2	21,7	23,3	876	870	881	876
5	15,9	28,9	21,6	22,1	863	863	879	868
6	14,5	26,2	21,8	20,8	860	862	882	868
7	16,2	25,3	21,2	20,9	870	859	882	870
8	15,8	26,0	21,1	21,1	865	865	876	869
9	17,7	25,9	21,6	21,1	871	872	889	878
10	16,9	25,5	21,6	21,3	867	895	888	883
11	16,8	27,5	20,9	21,8	870	879	886	878
12	16,0	26,0	21,5	20,8	875	884	899	886
13	16,3	26,2	22,7	21,6	870	882	896	883
14	18,6	25,4	21,3	21,8	873	884	895	884
15	16,9	26,5	21,8	21,7	879	883	893	885
16	17,3	29,5	18,5	21,8	897	885	888	890
17	14,8	24,4	22,3	20,5	846	835	885	855
18	16,0	27,3	20,3	21,2	864	871	884	873
19	17,6	26,7	20,3	21,5	862	865	883	870
20	15,3	25,9	21,8	21,0	866	860	894	873
21	16,5	25,3	21,9	21,2	871	864	890	882
22	14,5	21,9	20,7	19,0	866	865	887	874
23	16,1	24,1	20,1	20,1	867	871	889	876
24	17,2	24,4	20,9	20,9	878	871	892	880
25	16,6	26,1	19,9	20,9	875	881	892	883
26	17,9	25,8	21,2	21,7	873	891	888	884
27	16,1	26,6	21,0	20,9	884	878	885	882
28	19,5	26,3	20,9	22,2	878	879	903	887
29	16,1	26,5	20,3	21,0	872	866	891	876
30	15,2	25,9	20,1	20,4	879	873	868	880
Mittel	9 16,64	9 26,11	9 20,98	9 21,25	1,9870	1,9873	1,9887	1,9877

Juli 1897.

Tag	Declination				Horizontale Intensität			
	19h	2h	9h	Tages-mittel	19h	2h	9h	Tages-mittel
1	9° 17,8	9° 27,7	9° 20,3	9° 21,9	1,9880	1,9878	1,9885	1,9884
2	17,8	28,0	21,3	22,4	882	880	889	887
3	15,8	26,6	21,7	21,4	867	877	892	886
4	17,1	26,2	21,5	21,6	865	871	890	882
5	17,5	26,4	21,8	21,9	873	874	868	878
6	20,1	26,5	21,9	22,8	886	875	902	888
7	15,6	24,8	21,0	20,5	873	862	901	879
8	16,9	25,6	20,9	21,1	896	864	892	881
9	18,2	25,0	21,7	21,9	878	881	900	886
10	15,5	26,7	21,4	21,1	890	903	894	896
11	16,9	24,4	20,4	20,6	892	880	891	888
12	18,7	27,0	21,0	22,3	881	897	898	892
13	15,9	26,9	21,6	21,5	878	889	905	891
14	15,8	30,0	20,8	22,2	888	900	911	900
15	15,7	27,3	19,8	20,9	883	879	898	889
16	15,6	27,7	20,2	21,2	876	900	905	894
17	16,7	27,3	20,9	21,6	880	894	897	891
18	16,1	28,1	19,2	21,1	887	890	906	894
19	16,5	27,3	21,8	21,9	893	894	913	900
20	18,2	23,9	21,2	21,1	893	883	900	892
21	18,0	24,9	21,9	21,6	887	901	915	901
22	15,7	26,8	21,2	21,2	882	872	890	881
23	15,0	26,5	20,3	20,6	877	865	892	878
24	18,0	25,6	20,3	21,3	874	876	895	885
25	17,2	24,8	20,0	20,7	874	884	888	883
26	15,9	26,5	20,8	20,7	877	892	901	890
27	15,2	25,6	18,4	19,7	886	882	897	888
28	16,9	26,7	20,6	21,4	890	870	897	886
29	14,4	24,4	19,8	19,5	885	883	900	889
30	16,4	32,9	20,0	23,1	887	912	906	902
31	15,7	24,4	15,3	21,8	886	817	888	857
Mittel	9° 16,86	9° 26,36	9° 20,61	9° 21,34	1,9882	1,9882	1,9899	1,9888

August.

Tag	Declination 19h	2h	9h	Tages-mittel	Hor. Int. 19h	2h	9h	Tages-mittel
1	9° 15,7	9° 27,6	9° 20,1	9° 21,1	1,9873	1,9883	1,9888	1,9885
2	15,8	26,2	20,8	20,6	882	882	901	884
3	17,2	27,9	19,5	21,5	877	875	893	882
4	16,5	28,0	19,7	20,3	882	888	902	891
5	16,2	26,0	20,1	20,8	887	886	896	890
6	15,6	26,0	20,4	20,7	883	899	895	892
7	16,9	26,4	20,1	21,1	886	899	906	897
8	16,1	24,3	20,5	20,3	886	892	903	893
9	17,1	27,0	19,5	21,2	885	890	904	896
10	16,3	24,2	16,9	19,1	880	897	908	895
11	17,7	24,6	20,5	20,8	880	899	902	894
12	15,8	25,5	20,1	20,5	873	889	898	887
13	17,1	26,5	18,9	20,8	872	897	898	889
14	17,0	27,5	18,2	20,9	870	888	892	883
15	16,7	26,4	16,9	20,0	882	902	905	898
16	16,8	26,4	28,1	21,8	870	887	909	889
17	17,9	29,3	22,8	23,3	885	901	909	898
18	19,5	29,1	20,5	23,0	888	880	889	886
19	19,0	30,4	21,9	23,8	895	895	906	895
20	19,8	27,9	23,4	23,4	900	880	901	897
21	19,1	27,2	21,5	22,6	890	894	895	893
22	18,5	27,0	21,5	22,3	882	902	896	897
23	18,8	28,4	21,4	22,9	897	900	912	900
24	17,8	25,4	21,8	21,7	877	897	898	891
25	19,0	27,1	21,5	22,5	879	902	902	894
26	18,9	26,7	21,2	22,3	886	883	895	893
27	18,1	27,5	18,0	21,2	877	888	915	893
28	18,0	26,9	21,5	22,2	876	872	904	884
29	17,8	27,2	21,7	22,2	876	905	907	896
30	17,5	27,2	21,6	22,1	885	896	895	889
31	18,6	28,2	21,2	22,7	873	867	885	875
Mittel	9° 17,47	9° 26,86	9° 20,47	9° 21,60	1,9882	1,9891	1,9900	1,9891

September 1897.

Tag	Declination				Horizontale Intensität			
	19h	2h	9h	Tagesmittel	19h	2h	9h	Tagesmittel
1	9° 17,2'	9° 28,2'	9° 20,8'	9° 22,1'	1,9871	1,9868	1,9874	1,9878
2	17,5	26,0	21,1	21,5	872	879	885	879
3	18,2	26,3	21,3	22,6	879	887	881	882
4	16,9	28,7	19,7	21,8	892	846	870	868
5	15,3	27,7	19,9	21,0	852	874	882	869
6	16,6	24,5	20,9	20,7	858	873	889	873
7	17,3	25,6	18,9	20,6	871	888	868	882
8	16,6	25,5	20,4	20,8	870	894	896	887
9	16,5	23,8	20,1	20,2	874	872	885	877
10	16,5	25,1	21,0	20,9	865	893	902	887
11	16,3	24,9	11,5	17,6	872	880	860	860
12	16,4	25,3	20,5	20,7	868	885	881	878
13	17,0	24,3	20,0	20,4	869	889	892	883
14	17,2	28,5	19,7	21,8	868	873	886	882
15	17,5	24,4	16,5	19,5	877	885	881	881
16	17,2	24,5	19,9	20,5	863	876	895	881
17	17,9	25,6	20,9	21,5	883	882	897	887
18	17,9	25,8	20,8	21,4	887	888	892	889
19	19,0	24,7	20,4	21,4	887	885	902	891
20	18,7	23,1	20,1	20,6	895	885	897	892
21	19,6	27,1	19,9	22,2	893	879	896	889
22	18,4	24,0	18,2	20,2	897	892	893	894
23	20,6	23,9	14,8	19,8	895	887	904	895
24	19,0	25,5	19,3	21,3	883	869	888	880
25	18,4	24,0	20,2	20,9	900	860	890	880
26	18,5	23,7	19,8	20,7	840	890	895	848
27	18,2	23,4	20,0	20,7	892	891	894	892
28	17,4	22,6	20,1	20,0	889	899	901	896
29	17,6	23,6	20,0	20,4	844	901	896	894
30	19,0	25,5	20,6	21,7	900	896	897	898
Mittel	9 17,65	9 24,31	9 19,67	9 20,61	1,9881	1,9885	1,9890	1,9885

October.

Tag	Declination				Horizontale Intensität			
	19h	2h	9h	Tagesmittel	19h	2h	9h	Tagesmittel
1	9 20,5	9 28,2	9 11,6	9 20,1	1,9893	1,9901	1,9886	1,9893
2	18,5	25,1	21,8	21,8	855	874	907	879
3	20,1	26,9	19,8	22,3	876	887	891	886
4	20,0	22,5	18,0	20,2	844	892	907	881
5	17,5	23,0	19,1	20,1	890	894	903	898
6	17,3	25,3	18,3	20,3	879	879	886	881
7	17,2	24,0	19,1	20,3	896	898	902	895
8	16,6	21,8	19,2	19,2	893	892	901	896
9	16,9	22,5	18,4	19,6	904	906	917	909
10	18,3	22,8	17,9	19,7	915	894	898	901
11	17,4	23,3	17,5	19,1	900	893	897	897
12	17,1	21,8	14,2	17,7	919	894	892	902
13	17,3	22,0	18,7	19,3	900	894	903	899
14	16,8	23,6	18,6	19,7	905	903	911	906
15	18,0	23,8	18,9	20,2	924	904	905	911
16	17,8	23,1	19,3	20,1	893	908	907	902
17	20,4	23,5	19,2	21,0	916	895	907	906
18	21,1	20,1	17,3	19,5	909	865	884	886
19	17,6	22,9	18,4	19,6	909	897	889	898
20	16,8	21,5	17,9	18,7	887	887	895	890
21	16,9	21,8	19,5	19,4	897	895	905	899
22	18,9	23,5	19,1	20,5	911	913	900	908
23	19,1	22,4	19,7	20,4	920	892	905	905
24	19,2	21,6	19,5	20,1	903	902	898	901
25	19,4	22,3	18,8	20,2	918	887	905	903
26	18,3	22,9	16,4	19,2	908	894	903	902
27	18,0	22,6	16,0	18,9	899	896	910	902
28	19,2	20,9	18,2	19,4	903	893	865	888
29	18,9	20,7	14,9	18,2	893	878	905	892
30	19,1	19,8	14,9	17,9	893	895	898	896
31	18,4	20,9	18,0	19,1	898	893	899	897
Mittel	9 18,36	9 22,80	9 18,04	9 19,73	1,9899	1,9893	1,9899	1,9897

November 1897.

Tag	Declination				Horizontale Intensität			
	10h	2h	9h	Tages-mittel	10h	2h	9h	Tages-mittel
1	9° 18,9	9° 22,2	9° 15,0	9° 18,7	1,9914	1,9901	1,9906	1,9907
2	19,0	20,2	16,8	18,7	902	893	892	896
3	18,1	19,8	17,9	18,7	899	889	901	896
4	17,6	21,4	18,0	19,0	904	900	910	905
5	17,6	19,5	17,7	18,3	903	904	901	903
6	19,1	21,2	14,9	18,4	899	882	898	893
7	18,5	20,1	17,5	18,7	909	887	897	898
8	18,3	20,6	17,3	18,7	914	898	896	903
9	18,4	19,7	15,8	18,0	909	888	896	898
10	18,0	19,7	18,0	18,6	914	895	904	901
11	17,7	19,9	17,8	18,5	918	906	907	909
12	17,7	20,1	17,9	18,6	906	904	907	906
13	17,7	20,1	16,6	18,1	913	910	901	908
14	17,9	20,5	15,3	17,9	916	894	902	904
15	21,4	18,8	17,5	19,2	902	893	898	898
16	18,2	19,7	17,6	18,5	906	890	907	901
17	20,9	27,0	16,9	21,6	894	888	866	883
18	17,5	20,6	15,7	17,9	889	892	884	888
19	17,6	20,0	16,3	18,6	888	897	901	895
20	18,6	21,3	13,0	17,6	905	896	882	894
21	18,8	20,3	17,8	19,0	900	898	892	896
22	19,0	20,1	16,7	18,6	896	882	894	891
23	18,3	20,3	18,0	18,9	883	898	898	893
24	18,4	24,0	15,9	19,4	905	902	870	892
25	17,9	19,5	14,9	17,4	906	883	853	887
26	17,8	19,6	12,8	16,4	894	895	880	890
27	17,6	19,6	17,0	18,1	897	896	902	898
28	18,0	19,8	17,1	18,3	895	893	898	895
29	17,8	19,5	14,6	17,3	901	893	882	892
30	17,5	19,1	17,4	18,1	900	901	899	900
Mittel	9 18,31	9 20,44	9 16,58	9 18,46	1,9902	1,9895	1,9893	1,9897

December.

Tag	Declination				Horizontale Intensität			
	10h	2h	9h	Tages-mittel	10h	2h	9h	Tages-mittel
1	9 17,9	9 20,5	9 17,8	9 18,7	1,9909	1,9886	1,9884	1,9896
2	18,8	19,5	17,2	18,5	912	886	897	898
3	17,5	19,5	15,5	17,5	906	888	887	897
4	17,7	19,0	18,7	18,5	913	890	903	902
5	17,7	20,7	17,4	18,6	901	888	896	895
6	17,0	20,1	16,5	17,9	903	881	898	894
7	17,5	19,7	17,0	18,1	904	897	892	898
8	18,1	19,4	17,5	18,3	905	887	879	884
9	17,7	21,0	16,1	18,9	907	888	905	900
10	17,8	22,6	16,7	19,0	900	862	880	887
11	18,3	17,8	16,4	17,5	872	858	852	861
12	17,5	17,7	16,4	17,2	872	842	830	851
13	17,4	18,6	17,4	17,8	880	872	879	877
14	16,9	17,4	17,7	17,3	865	827	884	883
15	19,7	18,8	17,2	18,6	902	881	912	898
16	18,7	19,0	15,7	17,8	881	884	884	890
17	17,4	19,4	7,2	14,7	896	893	874	888
18	17,8	20,0	17,1	18,3	887	875	881	881
19	17,8	19,7	17,4	18,3	891	881	891	893
20	17,5	21,6	12,4	17,2	905	850	828	861
21	17,3	19,7	14,4	17,1	814	818	906	866
22	17,6	18,6	14,2	16,5	877	865	873	873
23	18,1	18,9	17,8	18,0	879	881	880	881
24	17,5	20,1	14,2	17,3	892	866	856	878
25	17,1	18,0	16,8	17,6	881	896	884	887
26	17,5	18,2	17,3	17,7	889	891	890	890
27	17,0	17,4	16,9	17,1	891	896	891	891
28	17,4	17,7	17,0	17,4	899	909	899	902
29	16,0	23,4	16,5	18,6	896	880	884	880
30	16,2	17,8	17,4	17,1	884	887	881	885
31	18,6	15,1	15,4	16,4	907	871	865	888
Mittel	9 17,64	9 19,17	9 16,34	9 17,72	1,9891	1,9881	1,9886	1,9886

RESULTATE AUS DEN METEOROLOGISCHEN BEOBACHTUNGEN.

Im Jahre 1897 wurden die Ablesungen an den meteorologischen Instrumenten täglich um 7 Uhr Morgens (19h), 2 Uhr Nachmittags und 9 Uhr Abends gemacht.

Heberbarometer Greiner et Geissler 501. Ueber dieses Instrument, welches als Normalbarometer verwendet wird, ist im 38. Jahrgange (1877) das Nöthige mitgetheilt worden. Die Vergleichungen mit den Barometern: Spitra 189 und Tonnelot 831 werden fortgesetzt.

Heberbarometer Spitra 189. Auch dieses Barometer wird als Normalbarometer benützt. Seit 1. Januar 1879 wird das arithmetische Mittel aus den Angaben von Greiner & Geissler 501 und Spitra 189 als der richtige Barometerstand angenommen. — Das Barometer Spitra 189 hat eine doppelte Scala: Pariser Linien und Millimeter. Da jedoch das Thermometer nur nach Réaumur getheilt ist, so werden immer Pariser Linien abgelesen, und diese nach Reduction auf 0° in Millimeter verwandelt. Aus den Vergleichungen mit dem Barometer Greiner & Geissler ergab sich:

	Greiner & Geissler 501 — Spitra 189	Zahl der Vergl.
Von 1876 Juni 27 bis 1886 April 12	+0,39	79.

Barometer Tonnelot 831. Seit 1. Januar 1873 wird das Gefässbarometer Tonnelot 831 (nach Fortin) zu den täglichen Beobachtungen verwendet. Dasselbe war bis 31. Mai 1889 4 Uhr Nachmittags im II. Stocke (Seehöhe des Nullpunktes des Barometers 202 Meter) befestigt; von dieser Zeit an ist es im I. Stocke (Seehöhe 197,2 Meter) aufgestellt. Die bisherigen Vergleichungen dieses Barometers mit dem Heberbarometer Spitra 189 ergaben:

	Spitra 189 — Tonnelot 831	Zahl der Vergl.
Von 1872 November 21 bis 1885 April 12	−0,26	143.

Da das Barometer Spitra im 3. Stockwerke aufgestellt ist, während das Barometer Tonnelot im 2. Stocke (bis 31. Mai 1889) sich befand, so muss an ersteres noch die Reduction wegen der Höhendifferenz (4,25 Meter = 13,07 Pariser Fuss) angebracht werden, nämlich: $+ 0''',174 = + 0,39$. Sonach ist der corrigirte Unterschied zwischen den Angaben beider Barometer:

$$\text{Spitra 189} - \text{Tonnelot 831} = +0,13.$$

Mit Berücksichtigung des oben angeführten Unterschiedes des Heberbarometers Greiner mit Spitra ergibt sich ferner:

$$\text{Greiner \& Geissler 501} - \text{Tonnelot 831} = +0,52.$$

Das arithmetische Mittel aus den beiden zuletzt angeführten Unterschieden beträgt:

$$\frac{\text{Greiner 501} + \text{Spitra 189}}{2} - \text{Tonnelot 831} = \frac{\text{Gr.} - \text{Tonn.}}{2} + \frac{\text{Sp.} - \text{Tonn.}}{2} = + 0,26 + 0,07 = + 0,33.$$

Diese Correction ist an allen in diesem Jahrgange enthaltenen Barometerständen bereits angebracht.

Barograph von Kreil. Derselbe war während des Jahres 1897 ununterbrochen in Thätigkeit; die Zeichnungen waren sehr zufriedenstellend. Über die Genauigkeit des Autographen siehe den Jahrgang 1870 Seite XXX. Bei den auf Seite 7 bis 40 angeführten autographischen Aufzeichnungen sind für die Stunde 7h die Beobachtungen an Tonnelot 831 unter Berücksichtigung der oben angegebenen Correction dieses Barometers mitgetheilt. Die Zahlen der übrigen Columnen sind unter Zugrundelegung der Ablesungen des Tonnelot'schen Barometers den Aufzeichnungen des Autographen entnommen.

Alle Angaben der Barometerstände beziehen sich auf die Seehöhe 197,2 m. (I. Stock).

Monatsmittel der Barometerstände für die einzelnen Stunden.

1897	Luftdruck auf 0° reducirt in Millimetern											
	12h	14h	16h	18h	20h	22h	0h	2h	4h	6h	8h	10h
Januar	742,22	742,13	741,95	741,89	742,01	742,22	742,10	741,74	741,69	741,75	741,86	741,96
Februar	47,95	47,89	47,95	48,02	48,26	48,44	48,38	47,89	47,68	47,82	48,08	48,30
März	40,40	40,35	40,11	40,08	40,30	40,15	39,97	39,50	39,31	39,32	39,62	39,88
April	41,99	41,84	41,74	41,91	42,15	42,13	41,85	41,43	41,27	41,33	41,88	42,20
Mai	41,47	41,31	41,27	41,37	41,60	41,53	41,31	40,46	40,69	40,76	41,10	41,56
Juni	45,68	45,61	45,57	45,69	45,81	45,74	45,51	45,18	44,82	44,72	44,99	45,49
Juli	43,24	43,09	42,94	43,11	43,29	43,25	43,05	42,73	42,50	42,49	42,75	43,07
August	44,14	44,01	43,99	44,11	44,30	44,20	44,02	43,56	43,35	43,30	43,79	44,13
September	44,89	44,65	44,47	44,50	44,87	45,04	44,95	44,58	44,23	44,28	44,78	44,91
October	50,40	50,31	50,19	50,21	50,62	50,82	50,73	50,26	49,97	50,29	50,58	50,69
November	52,32	52,15	51,97	52,05	52,55	52,79	52,44	51,92	51,75	51,85	51,84	51,88
December	48,81	48,18	48,12	48,36	48,66	49,03	48,79	48,35	48,13	48,48	48,63	48,71
Jahr	745,28	745,16	745,04	745,09	745,38	745,46	745,28	744,83	744,62	744,70	745,10	745,24

Thermometer; Psychrometer. Seit 14. März 1874 werden die Ablesungen der Temperatur an den beiden Thermometern: Jerak 248 I (trocken) und 248 II (feucht), nach Celsius in ⅕ Gr. getheilt, gemacht. Die Correctionen beider Thermometer sind durch Vergleichung mit dem Normalthermometer Baudin 2863 aus zahlreichen Ablesungen ermittelt. Man findet die Correctionen beider Thermometer (Jerak) im Jahrgange 1873, Seite XV angegeben; dieselben sind an alle Beobachtungen bereits angebracht. Die Felder bei 0° sind mit frisch gefallenem Schnee wiederholt bestimmt worden. Die Nullpunktsfehler haben sich seit 1879 nicht geändert. Die Thermometer waren bis 29. Mai 1889 2 Uhr Nachmittags in einer Höhe von 12 Metern (II. Stock) aufgestellt; vom 29. Mai 1889 6 Uhr Nachmittags an sind dieselben in einer Höhe von 4,5 Meter (I. Stock) über dem Erdboden angebracht. Behufs Reduction der Thermometerablesungen des II. Stockes auf jene des I. Stockes wurde bereits im Monate October 1887 ein zweites Thermometerpaar an dem Nordfenster des I. Stockes aufgestellt und letzteres bis Ende 1888 um 7 Uhr Morgens, 2 Uhr Nachmittags und 10 Uhr Abends zugleich mit dem Thermometerpaare des II. Stockes abgelesen. Die Resultate der Vergleichungen findet man im Jahrgange 1889, Seite XV angegeben.

Thermograph von Richard Frères. Mit 1. Januar 1891 wurde der Thermograph von Hipp ausser Gebrauch gesetzt und an dessen Stelle der Thermograph von Richard Frères gebracht. Derselbe erfüllte im Allgemeinen nicht die gehegten Erwartungen, und nur bei geringen und mittleren Temperaturschwankungen konnte die Functionirung befriedigend genannt werden. — Bei den auf Seite 8 bis 41 mitgetheilten Beobachtungen der Lufttemperatur sind in der Columne 2h die Ablesungen am Thermometer Jerak 248 I, in den übrigen Columnen die Resultate des Thermographen Richard Frères, auf dasselbe Thermometer bezogen, enthalten.

Monatsmittel der Temperatur für die einzelnen Stunden.

1897	Lufttemperatur in Centesimalgraden											
	12h	14h	16h	18h	20h	22h	0h	2h	4h	6h	8h	10h
Januar	— 1,02	— 1,12	— 1,17	— 1,25	— 1,19	— 0,88	— 0,45	— 0,25	— 0,40	— 0,73	— 0,95	— 1,14
Februar	0,47	0,22	0,10	— 0,04	0,23	1,00	2,31	3,43	2,93	2,25	1,68	1,08
März	5,43	5,01	4,65	4,35	4,90	6,18	7,70	8,77	8,10	7,43	6,65	6,05
April	7,65	7,06	6,55	6,26	7,23	9,51	10,93	11,96	10,92	10,29	9,31	8,41
Mai	11,06	10,39	9,94	10,01	11,52	13,37	14,60	15,12	14,85	14,31	12,80	11,88
Juni	15,91	14,84	13,97	14,34	17,79	20,23	21,76	22,50	22,37	21,79	19,34	17,55
Juli	16,75	16,06	15,53	15,91	17,64	19,70	21,07	21,76	21,64	20,79	18,89	17,53
August	16,99	16,35	15,72	15,49	17,17	19,87	21,66	22,57	22,41	21,31	19,32	17,98
September	12,73	12,41	12,02	11,57	12,76	14,64	16,17	17,10	16,92	15,48	13,96	13,19
October	6,94	6,59	6,27	6,21	6,58	7,74	8,93	9,54	9,60	8,53	7,65	7,10
November	1,95	1,88	1,77	1,76	1,67	2,14	3,00	3,90	3,60	2,89	2,53	2,28
December	0,91	0,85	0,75	0,64	0,76	1,04	1,74	2,41	2,30	1,76	1,40	1,08
Jahr	7,98	7,55	7,18	7,10	8,08	9,54	10,79	11,58	11,27	10,50	9,38	8,57

Bewölkung; Wolkenzug. Für die drei Beobachtungsstunden: 19h (7h Morgens), 2h u. 9h ist die Wolkenform, die Ausdehnung des bewölkten Theiles des Himmels nach der Scala: 0 = heiter, 10 = trüb, endlich der Zug der Wolken angegeben. In den Morgen- und Abendstunden ist letzterer nur dann notirt, wenn die Richtung der Bewegung der Wolken trotz der Dunkelheit ganz unzweifelhaft zu erkennen war.

Osler's Anemometer mit Windfahne (von Adie). Während des Jahres 1897 traten keine wesentlichen Unterbrechungen in der Registrirung des Instrumentes ein; dieselbe war durchaus befriedigend.

Robinson's Anemometer mit Windrädern (von Adie). Auch dieses Instrument registrirte das ganze Jahr hindurch sehr regelmässig. Die mitgetheilte Richtung des Windes ist vom Osler, die Geschwindigkeit vom Robinson genommen.

Monatsmittel der Windgeschwindigkeit für die einzelnen Stunden.

1897	Meter pro Secunde											
	12h	14h	16h	18h	20h	22h	0h	2h	4h	6h	8h	10h
Januar	2,48	2,35	2,26	2,26	2,98	2,34	2,42	2,54	2,48	2,17	2,27	2,29
Februar	1,98	1,83	1,85	2,18	2,18	2,00	2,09	2,07	2,43	2,08	2,16	2,11
März	2,05	1,97	2,08	2,06	2,49	3,10	3,27	3,08	2,78	2,19	2,05	2,14
April	1,57	1,86	1,61	1,64	2,04	2,70	2,96	3,32	2,91	2,47	1,99	1,77
Mai	1,46	1,90	1,67	1,77	2,29	2,59	2,71	2,75	2,93	2,17	1,92	1,54
Juni	1,43	0,99	1,18	1,36	1,85	2,34	2,74	2,56	2,66	2,14	1,62	1,40
Juli	1,77	1,91	1,88	1,69	2,27	2,77	2,97	3,17	2,98	[illegible]	1,62	1,76
August	1,14	1,29	1,60	1,26	1,45	1,92	2,56	2,18	2,22	1,91	1,14	1,18
September	1,76	1,96	1,90	1,97	2,38	2,74	2,67	2,52	2,32	1,65	1,59	1,64
October	1,90	1,51	1,18	1,72	1,75	2,09	[illegible]	2,12	1,40	1,51	1,47	1,29
November	1,77	1,77	1,84	1,89	2,15	1,99	2,28	2,42	1,98	1,95	1,87	1,91
December	1,74	1,53	1,66	1,65	1,56	2,14	2,14	1,90	1,71	1,73	1,71	[illegible]
Jahr	1,67	1,87	1,79	1,78	2,11	2,48	[illegible]	2,63	2,12	2,06	1,91	1,70

Richtung und Stärke des Windes. (Scala 0—10). Die Angaben beziehen sich auf die Schätzungen der Beobachter.

Höhe des Niederschlages. Der Regenmesser der Sternwarte ist seit 1893 in einer Höhe von 24 Metern über dem Erdboden aufgestellt. Die Niederschlagshöhe wird um 7 Uhr Morgens gemessen, bei starkem Regen auch mehrmals im Tage. — In der Jahresübersicht bezieht sich die Columne „Tage mit Niederschlägen" auf diejenigen Tage, an welchen eine am Ombrometer gemessene Menge von Regen oder Schnee sich ergab; die Columne „Tage mit Niederschlägen ≥ 1,0mm" auf diejenigen Tage, an welchen der so gemessene Niederschlag mindestens gleich oder grösser als 1 Millimeter war.

Zur Bezeichnung der Form des Niederschlages, sowie anderweitiger Erscheinungen dienen nach dem Beschlusse des internationalen Meteorologencongresses (Siehe Verhandlungen des internationalen Meteorologencongresses, Seite 48) die folgenden Zeichen:

Regen	●	Nebel	≡	Gewitter	⌈⚡	Mondring	⊕
Schnee	✱	Thau	⌓	Wetterleuchten	⚡	Mondhof	⋓
Hagel	▲	Reif	⊔	Sonnenring	⊙	Regenbogen	⌒
Graupeln	△	Schneegestöber	✢	Sonnenhof	⊖	Höhenrauch	∞

Übersicht der meteorologischen Beobachtungen im Jahre 1897.

1897	Luftdruck in Millimetern.							
	Mittlerer	Höchster	Tag	Tiefster	Tag	Absolute Schwankung	Mittleres Maxim.	Mittleres Minim.
	mm	mm		mm		mm	mm	mm
Januar	741,94	758,2	2.	723,3	23.	34,9	744,01	740,74
Februar	48,07	61,7	16.	24,0	2.	37,7	50,67	45,11
März	39,99	49,9	9.	23,1	29.	26,8	42,66	37,21
April	41,80	54,2	16.	22,5	1.	31,7	44,38	39,54
Mai	41,24	50,4	8.	29,4	28.	21,0	43,25	39,45
Juni	45,40	54,9	12.	36,6	19.	18,3	47,24	43,55
Juli	42,96	51,0	12.	35,5	21.	15,5	44,33	41,57
August	43,92	49,8	4.	38,3	16.	11,5	45,48	42,49
September	44,68	53,8	14.	30,9	20.	22,9	46,63	42,96
October	50,61	59,3	27.	40,9	1.	18,4	51,74	49,61
November	52,13	62,2	22.	20,8	29.	41,4	52,29	48,42
December	48,56	60,2	21. u. 22.	31,8	11.	28,4	50,46	46,71
Jahr	745,10	762,2	22. Nov.	720,8	29. Nov.	41,4	746,93	743,11

1897	Temperatur in Centesimalgraden.							
	Mittlere	Höchste	Tag	Tiefste	Tag	Absolute Schwankung	Mittleres Maxim.	Mittleres Minim.
	°	°		°		°	°	°
Januar	—0,88	4,6	17.	—6,9	23. u. 24.	13,5	0,17	—2,02
Februar	1,30	13,1	26.	—7,9	9. u. 10.	21,0	4,05	—1,31
März	6,26	15,5	24.	0,1	12.	15,4	8,91	3,96
April	8,83	22,3	29.	0,5	4.	21,8	12,77	5,62
Mai	12,51	23,4	31.	3,5	5.	19,9	14,15	9,41
Juni	18,53	30,2	30.	9,0	11.	21,2	23,45	13,29
Juli	18,60	31,2	1.	11,2	12.	20,0	22,70	15,04
August	18,89	28,2	12.	10,6	27.	17,6	23,11	15,20
September	14,07	26,7	2.	6,8	15.	19,9	17,56	11,51
October	7,64	19,7	1.	0,4	29.	19,3	10,21	5,36
November	2,44	13,6	18.	—5,4	11.	19,0	4,45	0,55
December	1,29	8,5	13.	—7,1	30.	15,6	3,00	—0,18
Jahr	9,12	31,2	1. Juli	—7,9	9. u. 10. Febr.	39,1	12,16	6,39

1897	Dunstdruck in Millimetern.					Feuchtigkeit in Procenten.				
	Mittlerer	Grösster	Tag	Kleinster	Tag	Mittlere	Grösste	Tag	Kleinste	Tag
	mm	mm		mm						
Januar	3,7	5,5	16., 17. u. 19.	2,2	25.	84	95	21.	69	20.
Februar	4,1	6,6	26.	2,3	16.	79	100	20. u. 21.	47	17.
März	5,3	7,8	29.	3,3	30.	74	98	17.	37	31.
April	5,9	10,0	29.	3,1	9.	68	98	15.	27	11.
Mai	8,1	12,2	18.	3,8	10.	72	96	14., 18. u. 26.	36	9.
Juni	10,1	15,5	30.	5,6	11.	63	93	8.	21	5.
Juli	10,6	15,3	1.	6,0	5.	68	100	30.	31	19.
August	11,9	15,8	3.	6,6	4.	74	98	3. u. 28.	30	4.
September	9,5	18,1	3.	5,7	5.	78	99	10. u. 30.	42	1.
October	6,5	12,0	1.	2,8	24.	81	100	17. u. 26.	45	13.
November	4,4	8,0	18.	2,1	11.	77	96	17. u. 18.	41	11.
December	4,2	6,1	14.	2,4	20.	83	100	14. u. 29.	48	1.
Jahr	7,0	18,1	3. Sept.	2,1	11. Nov.	75	100	20. u. 21. Feb., 30. Juli, 17. u. 26. Oct., 14. u. 29. Dec.	30	4. Aug.

1897	Bewölkung	Anzahl der Tage											Höhe der Niederschläge			Wind
		Heiter	Theilweise bedeckt	Trüb	Nebelig	mit Niederschlägen	mit Niederschlägen ≥ 1,0mm	mit Regen	mit Schnee	mit Graupeln	mit Hagel	mit Gewittern	Summe mm	Grösste in 24 St.	Tag	6—10
Januar	9,1	0	10	21	23	14	6	4	15	0	0	0	17,5	4,4	24.	5
Februar	8,0	0	22	6	18	11	4	8	11	0	0	0	23,3	11,9	2.	4
März	8,9	0	22	9	21	17	9	17	0	1	1	3	33,1	5,6	18.	3
April	7,7	0	23	7	19	10	6	10	1	2	0	0	19,6	6,2	12.	3
Mai	8,2	0	23	8	9	17	14	17	1	0	0	5	102,4	19,3	1.	0
Juni	5,6	0	28	2	10	8	6	8	0	0	0	2	34,8	16,0	17.	1
Juli	8,2	0	22	9	6	12	9	12	0	0	0	4	102,2	58,5	29.	4
August	6,0	0	29	2	11	19	12	19	0	0	0	2	84,8	20,2	19.	0
September	6,6	0	22	8	11	13	8	13	0	1	0	2	53,9	18,9	19.	7
October	8,5	0	17	14	16	10	4	10	1	0	0	0	14,4	6,9	20.	3
November	8,0	0	20	10	18	8	4	8	3	0	0	0	14,6	5,2	16.	6
December	8,7	0	17	14	23	11	3	6	19	0	0	0	10,4	6,6	8.	1
Jahr	7,8	0	255	110	185	153	85	132	42	4	1	18	511,0	58,5	29. Juli	37

1897	Mittl. Windgeschwindigkeit. Meter in 1 Sec.	Mittlere Windstärke (0—10)	Stürme	Wolkenzug							
				N	NE	E	SE	S	SW	W	NW
Januar	2,32	2,67	26. u. 27. stürmisch.	1	0	1	0	0	1	3	4
Februar	2,27	2,27	14., 25. u. 26. stürmisch.	2	0	0	0	0	0	8	6
März	2,51	2,37	19., 20., 25. u. 26. stürmisch.	1	0	1	1	1	4	13	13
April	2,20	2,23	18. u. 19. stürmisch.	4	1	1	2	2	2	8	8
Mai	2,08	2,03		6	3	5	0	1	2	9	1
Juni	1,79	1,90		6	4	2	2	1	3	13	6
Juli	2,25	2,33	24. u. 29. stürmisch.	5	2	1	1	0	3	19	13
August	1,60	1,63		2	0	0	1	1	7	15	4
September	2,09	2,57	5., 6., 7. u. 20. stürmisch.	1	0	1	0	0	6	13	2
October	1,73	2,03	5. u. 6. stürmisch.	3	3	2	0	0	1	2	4
November	1,99	2,47	28., 29. u. 30. stürmisch.	3	0	1	1	0	4	5	7
December	1,77	1,90		2	0	0	2	2	0	3	3
Jahr	2,05	2,20		36	13	15	10	8	[illegible]	[illegible]	71

1897	Wasserstand der Moldau in Centimetern*) (Normalhöhe = 182,907**)). Mittlerer	Höchster	Tiefster	Differenz	Anmerkungen.
Januar	20,0	36 am 20.	4 am 27.	32	
Februar	63,5	134 „ 4.	17 „ 1. u. 2.	117	3. Eisgang.
März	67,4	99 „ 22.	50 „ 14.	49	
April	72,5	61 „ 1.	28 „ 30.	33	
Mai	77,4	170 „ 18.	28 „ 1	142	
Juni	39,0	63 „ 1.	20 „ 29.	43	
Juli	28,1	228 „ 31.	4 „ 17.	224	
August	81,6	234 „ 1.	46 „ 29.	188	
September	57,7	91 „ 12.	39 „ 30.	52	
October	36,4	44 „ 11	27 „ 31.	17	
November	22,4	32 „ 1.	14 „ 13. u. 14.	18	
December	28,0	46 „ 16.	—3 „ 28.	49	
Jahr	49,5	234 am 1. Aug.	—3 am 28. Decemb.	237	

*) Nach den Aufzeichnungen des Prager städtischen Wasserleitungs-Bureau.

1897	Vertheilung der Windrichtungen. N	NNE	NE	ENE	E	ESE	SE	SSE	S	SSW	SW	WSW	W	WNW	NW	NNW	Calmen	Bemerkungen.
Januar	6	3	1	3	11	14	7	1	3	5	7	1	12	3	7	6	3	
Februar	7	2	5	2	4	2	3	1	1	6	10	3	20	6	4	1	7	12. dopp. ▽.
März	2	0	2	4	2	2	1	3	7	9	11	5	25	1	7	3	9	
April	3	2	4	5	6	5	6	1	6	9	8	5	7	5	9	5	4	
Mai	13	6	12	1	3	0	0	0	2	7	7	3	10	2	8	12	7	10. ◎ u. ▽.
Juni	15	5	3	3	10	1	0	2	6	4	9	1	8	5	6	8	4	
Juli	10	1	2	1	0	0	0	3	3	8	10	1	22	5	14	5	8	24. ⌒
August	4	0	3	1	5	2	4	1	8	9	16	4	8	4	6	4	14	
September	1	2	0	5	2	1	2	1	1	6	17	7	15	4	7	13	7	
October	8	7	8	0	6	2	2	0	4	5	12	2	3	1	11	6	16	12 ▽.
November	2	0	3	0	5	3	12	2	4	6	14	2	16	2	4	4	11	
December	2	2	1	5	4	3	5	1	6	12	11	5	14	1	3	7	11	
Jahr	73	30	44	30	58	35	42	16	51	85	132	39	160	39	86	74	101	

Fünftägige Mittel des Luftdruckes, der Temperatur, des Dunstdruckes und der relativen Feuchtigkeit.

1897	Luftdr. Millim. (Aus autographischen Aufzeichnungen)	Temp. Celsius (Aus autographischen Aufzeichnungen)	Luftdr. Millim. (Aus directen Ablesungen)	Temp. Celsius (Aus directen Ablesungen)	Dunstdruck Millim. (Aus directen Ablesungen)	Relat. Feucht. Proc. (Aus directen Ablesungen)
Januar 1 bis 5	753,09	1,19	753,09	1,17	4,8	84
6 „ 10	48,87	—1,29	48,62	—1,35	3,4	81
11 „ 15	41,25	1,39	41,19	1,43	4,5	89
16 „ 20	44,05	1,52	44,03	1,43	4,5	86
21 „ 25	30,62	—5,02	30,14	—4,96	2,6	82
26 „ 30	35,75	—2,29	35,78	—2,17	3,2	82
31 „ 4	34,56	—0,51	34,51	—0,27	3,8	84
Februar 5 „ 9	43,73	—2,82	43,97	—2,81	3,2	84
10 „ 14	45,25	0,42	44,89	0,95	3,9	78
15 „ 19	55,95	—0,52	56,34	—0,44	3,5	79
20 „ 24	54,86	3,32	54,77	3,82	4,7	79
25 „ 1	49,52	7,61	49,02	7,78	5,4	75
März 2 „ 6	36,49	4,19	37,19	4,28	4,8	77
7 „ 11	45,01	3,69	45,39	3,85	4,4	74
12 „ 16	39,18	5,64	39,05	5,92	5,5	80
17 „ 21	40,90	6,88	41,01	6,99	5,8	77
22 „ 26	43,97	8,92	43,85	9,25	6,0	71
27 „ 31	32,57	8,46	33,16	8,96	5,3	63
April 1 „ 5	31,44	6,48	31,77	6,41	4,6	63
6 „ 10	43,77	6,24	43,83	6,65	4,6	65
11 „ 15	44,05	8,99	44,39	8,96	6,6	78
16 „ 20	43,83	8,84	43,34	9,12	5,5	65
21 „ 25	41,30	7,15	41,68	7,27	5,5	72
26 „ 30	46,35	15,34	46,26	14,77	8,6	66
Mai 1 „ 5	42,39	10,27	42,52	10,19	6,8	75
6 „ 10	45,26	9,10	45,31	9,32	5,7	66
11 „ 15	42,78	6,96	42,91	7,19	5,5	71
16 „ 20	41,68	15,83	41,67	16,24	10,5	77
21 „ 25	35,80	14,86	35,73	15,01	9,9	79
26 „ 30	38,48	16,81	38,70	17,07	9,6	64
31 „ 4	44,60	20,13	44,49	20,67	11,6	65
Juni 5 „ 9	42,45	17,64	42,42	17,69	10,0	68
10 „ 14	50,59	16,83	50,75	17,17	8,7	62
15 „ 19	42,78	16,97	42,61	17,10	9,4	61
20 „ 24	46,82	16,44	57,01	16,89	9,0	64
25 „ 29	45,54	22,09	45,44	22,47	11,4	58
30 „ 4	43,90	22,17	42,93	25,42	12,5	61

1897	Luftdr. Millim. (Aus autographischen Aufzeichnungen)	Temp. Celsius (Aus autographischen Aufzeichnungen)	Luftdr. Millim. (Aus directen Ablesungen)	Temp. Celsius (Aus directen Ablesungen)	Dunstdruck Millim. (Aus directen Ablesungen)	Relat. Feucht. Proc. (Aus directen Ablesungen)
Juli 5 bis 9	743,89	18,34	743,99	18,94	9,0	56
10 „ 14	46,95	17,42	46,75	17,74	9,2	62
15 „ 19	40,34	18,08	40,36	18,32	10,7	70
20 „ 24	41,65	20,17	41,89	20,39	11,3	71
25 „ 29	43,24	17,66	43,15	17,64	10,8	75
30 „ 3	41,47	17,03	41,56	17,27	12,1	68
August 4 „ 8	45,68	20,79	45,55	20,90	11,5	65
9 „ 13	44,97	19,99	45,18	20,07	11,8	68
14 „ 18	44,61	20,53	44,44	20,35	12,5	72
19 „ 23	41,53	17,89	41,52	17,85	11,5	77
24 „ 28	44,19	16,12	44,27	16,54	11,1	82
29 „ 2	43,50	18,51	43,59	18,61	11,9	76
September 3 „ 7	42,60	15,49	42,56	15,29	9,9	73
8 „ 12	46,21	11,92	46,48	12,01	8,5	82
13 „ 17	46,98	13,21	46,71	13,40	9,1	81
18 „ 22	37,71	12,15	37,89	12,33	7,8	73
23 „ 27	49,03	15,28	49,35	15,65	10,5	81
28 „ 2	45,07	14,65	44,98	14,85	10,9	87
October 3 „ 7	48,34	7,02	48,47	6,83	5,1	64
8 „ 12	*) 48,92	6,83	46,88	6,91	5,4	73
13 „ 17	45,93	8,76	46,15	9,46	7,6	86
18 „ 22	52,01	11,22	52,01	11,21	8,5	88
23 „ 27	56,22	5,68	56,24	5,77	5,7	88
28 „ 1	55,83	2,76	55,69	2,79	5,0	90
November 2 „ 6	55,21	1,82	55,07	1,99	4,2	80
7 „ 11	57,92	0,72	57,95	0,31	3,6	78
12 „ 16	50,92	0,76	50,65	1,17	4,0	80
17 „ 21	54,61	6,61	54,69	7,11	6,1	80
22 „ 26	54,10	3,29	53,84	2,95	4,3	74
27 „ 1	36,48	2,33	36,33	2,65	3,9	70
December 2 „ 6	44,93	2,20	45,18	2,38	4,5	81
7 „ 11	38,86	3,05	38,45	3,15	4,7	81
12 „ 16	46,66	3,90	47,14	3,95	5,2	85
17 „ 21	55,04	0,88	55,05	1,00	4,0	82
22 „ 26	56,97	0,76	56,82	0,83	3,9	80
27 „ 31	51,15	—3,53	50,54	—3,28	3,1	87

*) Nur aus 2 Tagesmitteln gebildet.

ABSOLUTE MAGNETISCHE BESTIMMUNGEN

IM JAHRE 1897.

Beobachtungen der Declination mit dem magnetischen Theodoliten Edelmann.

1897 Februar 22. (☾). Spitaler.

Mittl. Zeit		Lesung	Var.-Instr. Scalentheile	Beob. Decl. und Decl. f. d. Scalentheil 0
	Mire A	220° 44',48		
21h 49m	a	136 38,08	121,4	9° 20',65
56	b	136 22,00	121,5	9 19,29
22 2	b	136 22,00	121,8	9 21,27
9	a	136 39,29	123,0	9 19,24
	Mire A	220 44,51		
12	a +360	136 30,90	123,5	
15	a −360	136 47,74	124,0	
26	a	136 40,00	124,7	
34	[illegible] (a)	136 33,07	125,1	
40	(a) +360	135 20,23	125,2	
52	(a) −360	137 45,92	125,9	
23 1	(b)	136 31,46	126,7	

1897 Februar 24. (☿). Spitaler.

Mittl. Zeit		Lesung	Var.-Instr. Scalentheile	Beob. Decl. und Decl. f. d. Scalentheil 0
	Mire A	220° 38',94		
21h 49m	a	136 31,12	120,8	9° 19',92
55	b	136 15,59	120,9	9 19,50
22 0	b	136 16,19	120,9	9 20,12
6	a	136 31,94	121,1	9 19,72
	Mire A	220 38,40		
11	a +360	136 24,09	121,4	
15	a −360	136 39,69	121,6	
19	a	136 31,84	121,7	
29	[illegible] (a)	136 22,73	122,1	
34	(a) +360	135 16,06	122,5	
40	(a) −360	137 34,53	122,9	
48	(b)	136 22,39	123,5	

1897 April 21. (☿). Spitaler.

Mittl. Zeit		Lesung	Var.-Instr. Scalentheile	Beob. Decl. und Decl. f. d. Scalentheil 0
	Mire A	220° 37',43		
21h 39m	a	136 31,98	121,3	9° 22',96
46	b	136 18,57	124,4	9 20,91
52	b	136 20,24	126,8	9 26,19
59	a	136 36,58	129,5	9 21,31
	Mire A	220 37,65		
22 1	a +360	136 28,44	130,0	
4	a −360	136 44,93	130,1	
7	a	136 36,88	130,3	
16	[illegible] (a)	136 33,87	130,9	
22	(a) +360	135 24,39	131,2	
27	(a) −360	137 48,37	131,5	
36	(b)	136 32,19	131,6	

1897 April 24. (♄). Spitaler.

Mittl. Zeit		Lesung	Var.-Instr. Scalentheile	Beob. Decl. und Decl. f. d. Scalentheil 0
	Mire A	220° 40',03		
21h 08m	a	136 33,02	118,8	9° 20',47
46	b	136 17,39	118,9	9 20,60
53	b	136 17,24	119,1	9 20,40
22 1	a	136 33,02	119,2	9 20,21
	Mire A	220 39,89		
4	a +360	136 21,83	119,3	
7	a −360	136 41,51	119,1	
11	a	136 33,07	119,5	
22	[illegible] (a)	136 25,58	119,8	
26	(a) +360	135 16,13	119,9	
31	(a) −360	137 45,61	120,1	
41	(b)	136 29,17	120,7	

1897 Juni 21. (☾). Spitaler.

Mittl. Zeit		Lesung	Var.-Instr. Scalentheile	Beob. Decl. und Decl. f. d. Scalentheil 0
	Mire A	220° 34',72		
21h 25m	a	136 25,83	116,3	9° 18',79
31	b	136 10,82	116,3	9 20,17
37	b	136 11,47	116,7	9 19,94
44	a	136 27,49	117,3	9 20,30
	Mire A	220 34,82		
48	a +360	136 18,91	117,5	
52	a −360	136 34,49	117,7	
56	a	136 27,19	118,1	
22 2	[illegible] (a)	136 22,89	118,5	
8	(a) +360	135 12,89	119,3	
14	(a) −360	137 42,90	120,0	
22	(b)	136 23,40	120,9	

1897 Juni 23. (☿). Spitaler.

Mittl. Zeit		Lesung	Var.-Instr. Scalentheile	Beob. Decl. und Decl. f. d. Scalentheil 0
	Mire A	220° 32',17		
20h 54m	a	136 20,67	110,9	9° 15',67
21 0	b	136 4,65	111,4	9 15,80
6	b	136 4,95	111,8	9 16,05
13	a	136 21,23	112,3	9 15,79
	Mire A	220 32,38		
16	a +360	136 13,60	112,5	
20	a −360	136 30,17	112,8	
24	a	136 21,63	113,1	
30	[illegible] (a)	136 15,47	113,8	
36	(a) +360	135 8,09	114,2	
41	(a) −360	137 29,57	114,8	
50	(b)	136 16,92	115,9	

1897 August 3. (♂). Spitaler.

Mittl. Zeit		Lesung	Var.-Instr. Scalentheile	Beob. Decl. und Decl. f. d. Scalentheil 0
	Mire A	220° 34',37		
21h 16m	a	136 25,37	116,5	9° 18',49
26	b	136 10,11	117,2	9 20,07
30	b	136 10,91	117,4	9 18,97
39	a	136 26,23	118,1	9 20,05
	Mire A	220 34,39		
45	a +360	136 19,61	118,7	
46	a −360	136 31,87	119,0	
49	a	136 26,99	119,3	
56	[illegible] (a)	136 15,87	120,0	
22 1	(a) +360	135 16,06	120,5	
6	(a) −360	137 19,00	120,8	
11	(b)	136 17,99	121,2	

1897 August 5. (♃). Spitaler.

Mittl. Zeit		Lesung	Var.-Instr. Scalentheile	Beob. Decl. und Decl. f. d. Scalentheil 0
	Mire A	220° 34',80		
21h 17m	a	136 25,17	116,3	9° 17',95
25	b	136 9,60	116,6	9 19,80
29	b	136 9,70	116,9	9 18,71
37	a	136 26,56	117,8	9 19,80
	Mire A	220 34,57		
42	a +360	136 20,12	117,9	
46	a −360	136 35,33	118,2	
50	a	136 27,60	118,5	
57	[illegible] (a)	136 20,72	119,1	
22 2	(a) +360	135 18,20	119,3	
5	(a) −360	137 28,15	119,8	
14	(b)	136 19,31	120,2	

1897 October 6. (☿). Spitaler.

Mittl. Zeit		Lesung	Var.-Instr. Scalentheile	Beob. Decl. und Decl. f. d. Scalentheil 0
	Mire A	220° 37',18		
21h 27m	a	136 27,89	117,5	9° 17',39
35	b	136 11,83	117,5	9 18,16
40	b	136 11,48	117,6	9 17,52
47	a	136 28,80	117,7	9 18,16
	Mire A	220 36,01		
51	a +360	136 20,49	118,0	
55	a −360	136 36,70	118,2	
59	a	136 28,85	118,4	
22 6	[illegible] (a)	136 20,04	119,1	
13	(a) +360	135 18,83	119,5	
20	(a) −360	137 38,97	120,3	
30	(b)	136 20,84	121,4	

1897 October 8. (♀). Spitaler.

Mittl. Zeit		Lesung	Var.-Instr. Scalentheile	Beob. Decl. und Decl. f. d. Scalentheil 0
	Mire A	220° 38',65		
21h 29m	a	136 27,80	116,6	9° 16',15
37	b	136 11,79	117,3	9 17,04
41	b	136 12,15	117,7	9 16,96
48	a	136 28,51	118,1	9 17,07
	Mire A	220 38,48		
51	a +360	136 20,12	118,0	
54	a −360	136 37,06	117,9	
22 1	a	136 28,46	118,3	
10	[illegible] (a)	136 21,34	119,6	
15	(a) +360	135 8,04	120,4	
29	(a) −360	137 35,48	120,6	
36	(b)	136 20,57	121,1	

1897 November 22. (☾). Spitaler.

Mittl. Zeit		Lesung	Var.-Instr. Scalentheile	Beob. Decl. und Decl. f. d. Scalentheil 0
	Mire A	220° 37',97		
21h 36m	a	136 29,44	121,6	9° 17',92
43	b	136 12,60	121,5	9 16,85
50	b	136 12,90	121,7	9 17,74
56	a	136 28,39	121,8	9 16,87
	Mire A	220 37,84		
22 0	a +360	136 21,03	121,9	
3	a −360	136 36,81	122,0	
8	a	136 29,59	122,7	
19	[illegible] (a)	136 20,72	122,8	
22	(a) +360	135 14,98	122,9	
29	(a) −360	137 37,82	123,0	
36	(b)	136 23,91	123,3	

1897 December 1. (☿). Spitaler.

Mittl. Zeit		Lesung	Var.-Instr. Scalentheile	Beob. Decl. und Decl. f. d. Scalentheil 0
	Mire A	220° 41',91		
21h 50m	a	136 34,48	123,7	9° 19',84
56	b	136 18,47	123,9	9 17,60
22 2	b	136 18,57	124,0	9 20,16
8	a	136 35,08	123,9	9 17,84
	Mire A	220 41,83		
12	a +360	136 27,38	123,9	
15	a −360	136 43,59	123,9	
19	a	136 35,38	123,8	
27	[illegible] (a)	136 29,90	123,8	
32	(a) +360	135 19,33	123,7	
38	(a) −360	137 43,14	124,5	
46	(b)	136 29,45	123,4	

Beobachtungen der horizontalen Intensität mit dem magnetischen Theodoliten II.

1897	Mire	Mg.	Mittl. Zeit	Ablenkung	Corr. Ungl.	φ	Temp. t'	Bifilare		Mittl. Zeit	Schwggs.-dauer	Red. Bogen	log. T	Temp. t	Bifilare	
Febr. 23. ♂ *Spitaler*	106° 26,56'	I 1 4 2 3	22ʰ 39ᵐ	183° 48,64' 183 11,18 219 39,04 219 21,72	+0,22 −0,06	18° 0,08	4,9	183,4	1,85	22ʰ 7ᵐ	4,2961 4,2916 4,2901 4,2987	6,51 5,74 5,31 4,73	0,63145 0,63130 0,63139 0,63144	5,8	184,4	1,9
	106 26,81	I 1 4 2 3	22 56	183 49,43 183 11,78 219 40,34 219 22,72	+0,23 −0,06	18 0,22	1,4	182,8	1,9	22 18	4,3009 4,2966 4,2980 4,2904	7,00 6,43 5,90 5,42	0,63158 0,63135 0,63137 0,63134	5,2	183,7	1,8
Febr. 25. ♃ *Spitaler*	106 26,25	I 1 4 2 3	22 25	183 40,75 182 21,50 219 16,35 219 41,90	+0,06 +0,10	17 48,06	6,0	182,7	2,57	21 43	4,2987 4,2996 4,2892 4,2968	6,01 5,44 4,98 4,47	0,63126 0,63124 0,63130 0,63133	7,0	184,4	2,4
	106 26,55	I 1 4 2 3	22 45	183 40,40 183 22,20 219 16,95 219 42,95	+0,05 +0,11	17 49,35	5,8	182,8	2,6	21 57	4,2978 4,2947 4,2922 4,2900	7,03 6,43 5,89 5,40	0,63139 0,63131 0,63129 0,63120	6,6	184,0	2,4
April 21. ☿ *Spitaler*	106 28,05	I 1 4 2 3	22 30	185 48,25 185 7,60 219 28,65 219 29,50	+0,27 +0,00	18 0,43	8,0	153,5	7,7	21 47	4,2973 4,2946 4,2923 4,2916	6,12 5,57 5,07 4,62	0,63170 0,63168 0,63166 0,63176	8,1	154,8	7,6
	106 27,70	I 1 4 2 3	22 57	185 49,55 185 9,90 219 30,55 219 31,40	+0,25 +0,00	18 0,50	8,0	152,3	7,7	22 0	4,2999 4,2968 4,2941 4,2930	6,66 6,10 5,57 5,10	0,63167 0,63166 0,63163 0,63172	8,8	154,5	7,6
April 24. ♄ *Spitaler*	106 27,65	I 1 4 2 3	22 15	183 47,85 183 8,85 219 29,20 219 31,55	+0,25 +0,00	18 1,01	8,0	152,8	7,27	21 37	4,3019 4,2988 4,2964 4,2940	6,58 5,98 5,43 4,93	0,63191 0,63190 0,63188 0,63197	9,0	153,4	7,2
	106 27,60	I 1 4 2 3	22 36	183 48,35 183 8,65 219 29,75 219 31,30	+0,25 +0,00	18 0,90	7,8	153,9	7,8	21 51	4,3037 4,3017 4,2985 4,2964	6,92 6,32 5,78 5,28	0,63191 0,63201 0,63199 0,63199	8,4	152,3	7,25
Juni 22. ♂ *Spitaler*	106 26,80	I 1 4 2 3	21 47	183 54,10 183 7,20 219 29,45 219 24,35	+0,36 −0,00	17 57,85	14,3	123,2	14,4	21 6	4,2989 4,2961 4,2933 4,2914	5,85 5,33 4,86 4,44	0,63179 0,63184 0,63185 0,63181	15,2	123,6	14,4
	106 27,20	I 1 4 2 3	22 15	183 54,60 183 7,45 219 30,25 219 25,15	+0,36 −0,00	17 58,16	14,0	122,8	14,4	21 19	4,3035 4,2998 4,2966 4,2944	6,49 6,28 5,73 5,23	0,63180 0,63186 0,63182 0,63181	15,0	123,7	14,4
Juni 24. ♃ *Spitaler*	106 24,99	I 1 4 2 3	21 40	183 48,03 183 8,53 219 18,25 219 25,44	+0,25 +0,01	17 56,67	17,3	123,8	14,7	21 0	4,3038 4,2998 4,2974 4,2955	6,63 6,10 5,57 5,10	0,63206 0,63186 0,63197 0,63197	17,5	123,7	14,7
	106 25,39	I 1 4 2 3	22 6	183 49,48 183 10,32 219 19,45 219 26,98	+0,24 +0,01	17 56,51	17,2	123,5	14,7	21 14	4,3066 4,3032 4,2991 4,2978	7,30 6,64 6,12 5,65	0,63208 0,63201 0,63191 0,63195	17,4	123,8	14,7
August 4. ☿ *Spitaler*	106 24,99	I 1 4 2 3	21 50	183 42,84 183 11,72 219 14,26 219 28,88	+0,15 +0,05	17 57,07	16,3	119,5	15,7	21 12	4,3010 4,2986 4,2959 4,2938	6,30 5,71 5,21 4,78	0,63197 0,63201 0,63195 0,63193	17,0	120,1	15,7
	106 24,90	I 1 4 2 3	22 7	183 43,41 183 12,02 219 11,46 219 29,25	+0,15 +0,03	17 56,85	16,2	119,7	15,7	21 25	4,3026 4,2986 4,2962 4,2936	6,76 6,21 5,72 5,27	0,63188 0,63188 0,63198 0,63191	16,8	119,8	15,7

Beobachtungen der horizontalen Intensität mit dem magnetischen Theodoliten II. (Fortsetzung.)

1897	Mire	Mg.		Mittl. Zeit	Ablenkung	Corr. Ungl.	ε	Temp. t'	Bifilare		Mittl. Zeit	Schwggs.-dauer	Red. Bogen	log. T	Temp. t	Bifilare	
August 6. ♀ *Spitaler*	106° 20,73'	1	1 4 2 3	21h 55m	183° 53,02' 182 59,55 219 20,88 219 16,55	+0,45' −0,06	17° 56,00'	18,0°	120,3	15,9°	21h 29m	4,3057 4,3036 4,2999 4,2986	7,26 6,58 5,96 5,40	0,63199 0,63208 0,63204 0,63217	18,0°	120,2	15,9°
	106 20,53	1	1 4 2 3	22 10	183 53,52 184 0,40 219 21,38 219 17,04	+0,45 −0,06	17 55,90	18,0	120,2	15,9	21 33	4,3063 4,3073 4,2996 4,2967	7,21 6,64 6,10 5,60	0,63198 0,63192 0,63193 0,63188	18,0	120,1	15,9
Oct. 7. ♃ *Spitaler*	106 21,35	1	1 4 2 3	22 9	184 1,25 182 54,91 219 36,26 219 14,86	+0,71 −0,07	17 58,35	6,0	146,5	10,4	21 29	4,2950 4,2915 4,2943 4,2882	5,73 5,22 4,76 4,34	0,63165 0,63152 0,63138 0,63152	7,3	148,9	10,4
	106 22,84	1	1 4 2 3	22 28	184 2,24 182 56,21 219 38,39 219 16,71	+0,71 −0,07	17 58,75	6,0	145,7	10,4	21 43	4,2977 4,2961 4,2936 4,2912	6,61 6,21 5,72 5,25	0,63136 0,63151 0,63154 0,63148	6,7	148,2	10,4
Oct. 9. ♄ *Spitaler*	106 22,97	1	1 4 2 3	22 2	183 41,06 183 2,94 219 19,21 219 15,00	+0,23 −0,06	17 57,44	7,1	154,2	9,6	21 24	4,2930 4,2913 4,2890 4,2868	5,65 5,18 4,74 4,36	0,63148 0,63152 0,63146 0,63137	8,5	155,2	9,5
	106 23,37	1	1 4 2 3	22 18	183 41,11 183 3,64 219 19,69 219 15,65	+0,22 −0,06	17 57,54	7,2	154,1	9,6	21 38	4,2941 4,2918 4,2897 4,2889	6,14 5,65 5,19 4,78	0,63139 0,63136 0,63135 0,63144	8,6	154,8	9,5
Nov. 30. ♂ *Spitaler*	106 24,46	1	1 4 2 3	22 19	183 35,19 183 18,52 219 13,63 219 31,30	+0,04 +0,04	17 57,85	2,7	183,5	4,0	21 42	4,2957 4,2923 4,2895 4,2871	5,98 5,46 4,98 4,54	0,63160 0,63150 0,63142 0,63136	1,6	184,3	3,9
	106 25,39	1	1 4 2 3	22 35	183 34,69 183 18,87 219 13,93 219 31,65	+0,04 +0,04	17 58,00	2,3	183,4	4,0	21 56	4,2997 4,2961 4,2935 4,2903	6,98 6,34 5,74 5,21	0,63147 0,63145 0,63149 0,63141	3,8	183,6	3,9
Dec. 2. ♃ *Spitaler*	106 24,86	1	1 4 2 3	22 13	183 44,38 183 16,47 219 21,21 219 28,05	+0,13 +0,01	17 57,01	4,0	184,5	4,0	21 35	4,2976 4,2935 4,2907 4,2889	6,71 6,03 5,40 4,84	0,63141 0,63155 0,63137 0,63141	5,7	185,5	4,0
	106 25,06	1	1 4 2 3	22 29	183 43,83 183 16,12 219 21,36 219 27,85	+0,13 +0,01	17 57,26	3,4	184,2	4,0	21 48	4,3043 4,3003 4,2972 4,2929	7,71 7,03 6,41 5,85	0,63149 0,63150 0,63153 0,63138	5,0	185,2	4,0

METEOROLOGISCHE BEOBACHTUNGEN

IM JAHRE 1897.

a. Directe Ablesungen.

Tag	Luftdruck auf 0° reducirt in Millim. = Tor… 7h	2h	9h	Tagesmittel	Lufttemperatur nach Celsius 7h	2h	9h	Tagesmittel
	mm	mm	mm	mm	°	°	°	°
1	51,3	51,8	53,4	52,16	3,8	4,6	4,0	4,07
2	57,1	57,3	57,6	57,32	1,8	3,1	1,6	2,17
3	55,5	52,6	51,1	53,06	−0,2	0,7	−0,3	0,07
4	49,7	50,2	50,7	50,19	−0,6	0,5	−0,2	−0,10
5	51,9	52,6	52,3	52,28	−0,7	0,2	−0,5	−0,33
6	51,6	50,8	50,0	50,82	−2,1	−1,3	−1,5	−1,63
7	49,9	51,2	52,1	51,08	−1,1	−1,0	−0,7	−0,93
8	52,5	51,2	49,0	50,89	−3,5	−2,3	−3,4	−3,03
9	46,3	45,4	45,5	45,72	−2,2	−0,5	−1,1	−1,27
10	44,8	44,5	43,5	44,54	−1,0	0,8	0,6	0,13
11	42,3	40,8	40,6	41,21	0,7	1,6	1,5	1,27
12	39,6	38,5	38,7	38,94	1,6	3,0	2,2	2,38
13	38,0	38,1	39,2	38,47	1,6	2,2	1,8	1,82
14	41,1	42,4	44,1	42,52	1,0	1,4	0,5	0,97
15	44,8	45,1	44,8	44,85	0,5	0,7	0,9	0,70
16	44,1	43,0	42,0	43,01	1,5	3,2	4,0	2,90
17	40,5	41,0	42,2	41,22	3,2	6,3	5,0	4,83
18	42,9	42,8	43,2	43,05	4,2	4,8	3,5	4,17
19	44,2	44,9	47,0	45,88	0,5	0,1	−1,9	−0,43
20	48,4	47,6	46,4	47,45	−1,1	−3,5	−5,4	−1,33
21	43,1	39,1	34,1	38,73	−5,9	−5,4	−5,7	−5,67
22	28,6	28,9	23,5	24,69	−4,7	−3,6	−4,8	−4,20
23	23,7	25,8	28,3	25,91	−4,6	−3,0	−6,8	−5,13
24	27,9	28,0	30,4	28,75	−6,6	−4,6	−4,6	−5,20
25	33,5	34,3	30,0	32,60	−5,2	−3,0	−3,6	−4,60
26	28,1	33,3	36,3	32,57	−1,5	−3,2	−4,3	−4,00
27	34,8	38,5	38,3	36,63	−2,3	−1,5	−2,8	−2,13
28	39,5	39,4	38,3	39,07	−2,2	0,5	−1,8	−1,48
29	36,3	36,1	36,0	36,10	−1,4	0,9	1,5	−0,67
30	36,2	34,4	33,3	34,64	−3,2	−1,5	−1,2	−3,63
31	30,6	31,1	34,1	31,94	−4,7	−4,9	−3,6	−4,07
Mittel	41,87	41,73	41,84	41,80	−1,28	−0,25	−1,04	−0,85

Tag	Dunstdruck in Millimetern 7h	2h	9h	Tagesmittel	Relative Feuchtigkeit 7h	2h	9h	Tagesmittel	Richtung und Stärke des Windes (Scala: 0—10) 7h	2h	9h
	mm	mm	mm	mm							
1	4,8	5,1	5,4	5,1	82	81	87	83	NW 6	W 4	W 5
2	4,2	4,8	4,1	4,4	80	84	80	81	NNW 1	SW 2	NW 1
3	4,2	4,0	3,8	4,0	92	83	86	87	NE 1	NNW 1	NW 3
4	3,7	3,7	3,8	3,7	85	78	83	82	WNW 4	W 3	SSW 1
5	3,9	4,0	3,7	3,9	90	85	85	87	S 2	ESE 3	SE 2
6	3,3	3,0	3,3	3,2	83	73	80	79	SE 3	ESE 3	ESE 2
7	3,6	3,9	3,6	3,7	81	92	83	86	ESE 4	SE 3	ESE 4
8	2,9	2,7	2,6	2,7	85	74	74	77	E 3	E 3	E 3
9	3,2	4,2	3,6	3,5	81	73	84	79	E 3	ESE 5	E 3
10	3,8	3,7	4,1	3,9	88	75	85	83	ESE 4	SE 2	SE 4
11	4,3	4,3	4,4	4,3	89	84	85	86	ENE 3	ESE 4	ESE 2
12	4,7	4,7	4,8	4,7	90	83	89	87	E 2	ESE 2	SE 1
13	4,1	4,6	4,9	4,6	88	85	93	88	SSW 2	SSW 1	S 1
14	4,7	4,4	4,2	4,4	94	87	89	90	NW 1	NW 2	NW 2
15	4,3	4,6	4,6	4,5	90	91	94	93	N 2	N 2	NNW 1
16	4,6	5,1	5,5	5,1	91	89	90	90	NNE 1	ENE 2	E 2
17	5,2	5,5	5,5	5,4	90	78	84	84	E 3	E 3	E 3
18	5,5	5,4	5,5	5,5	89	84	92	89	— 0	— 0	NNE 1
19	4,1	4,0	3,3	3,8	83	87	88	86	N 2	ENE 3	E 3
20	2,7	2,4	2,8	2,6	79	[illegible]	92	80	ENE 2	ESE 2	NNE 2
21	2,8	2,3	2,5	2,5	95	76	85	85	N 2	SSE 2	SSW 3
22	2,5	2,3	2,8	2,6	79	71	86	79	ESE 2	ESE 2	WNW 1
23	3,1	2,8	2,4	2,7	89	84	89	87	NNW 2	N 4	N 3
24	2,4	2,6	2,8	2,6	87	81	86	85	NNW 5	NW 1	SW 4
25	3,5	2,2	2,6	2,8	80	71	76	76	W 5	WSW 4	SW 4
26	3,9	2,8	2,5	3,1	94	78	77	83	SW 3	W 6	W 5
27	3,0	3,4	3,1	3,2	77	82	83	81	WNW 6	SSW 6	W 5
28	3,0	3,4	3,3	3,2	85	71	82	79	W 6	W 5	NW 4
29	3,6	3,8	4,5	3,6	88	77	84	83	W 3	SW 4	W 3
30	2,8	3,0	2,8	2,9	90	74	94	83	SW 2	W 3	S 2
31	2,8	2,9	3,1	2,9	86	67	89	84	SE 1	NNW 1	— 0
Mittel	3,7	3,7	3,7	3,7	87	80	85	84	2,7	2,8	2,6

Tag	Bewölkung (Scala: 0 = heiter, 10 = trüb) und Wolkenzug 7h	2h	9h	Tagesmittel	Niederschlag in Millimetern	Bemerkungen.
1	S 9 ···	FHS 10 NW	S 10 ···	9,7	···	Morgens m, Abends m, 9h ●.
2	HS 10 ···	H 5 N	HS 6 ···	7,0	···	
3	HS 10 ···	HS 10 NW	S 10 ···	10,0	0,2	Morgens m, Nachts ✱.
4	S 10 ···	S 10 ···	S 10 ···	10,0	0,2	Morgens m, 20h—6h ✱, 7h m, 9h m.
5	HS 10 ···	FHS 4 E	S 10 ···	8,0	···	
6	S 10 ···	S 10 ···	S 10 ···	10,0	···	Morgens m, Abends m.
7	S 10 ···	S 10 ···	S 10 ···	10,0	···	Morgens m, Abends m.
8	S 10 ···	HS 10 ···	S 10 ···	10,0	···	Morgens m, Abends m.
9	S 10 ···	S 10 ···	S 10 ···	10,0	···	Morgens m, 7h ✱flocken.
10	S 10 ···	S 10 ···	S 10 ···	10,0	···	Morgens m.
11	S 10 ···	S 10 ···	S 10 ···	10,0	···	Morgens m, 7h m, Abends m.
12	S 10 ···	S 10 ···	S 10 ···	10,0	···	Morgens m, 2h m.
13	S 10 ···	S 10 ···	S 10 ···	10,0	···	Morgens m, Abends m.
14	S 10 ···	S 10 ···	S 10 ···	10,0	0,1	Morgens m, 21h—22h ✱, tagsüber ●. Abends ≡, m.
15	S 10 ···	S 10 ···	S 10 ···	10,0	0,4	Morgens m, 20h—11h ●. Abends m.
16	S 10 ···	S 10 ···	S 10 ···	10,0	···	Morgens m, 2h m.
17	FS 9 ···	FHS 8 ···	S 10 ···	9,0	···	Morgens m.
18	S 10 ···	S 10 ···	S 10 ···	10,0	0,8	Morgens m, 2h m, 5h—9h ●. Abends m.
19	S 10 ···	S 10 ···	S 10 ···	10,0	···	19h ✱, 2h m.
20	HS 10 ···	H 3 SW	S 4 ···	5,7	···	Morgens m, 2h Dunst. Abends m, u. ←.
21	S 10 ···	S 10 ···	S 10 ···	10,0	0,2	Morgens m, u. ←, 20h—9h ✱. Abends m.
22	S 10 ···	S 10 ···	S 10 ···	10,0	3,6	Morgens m, u. ←, 7½h—Nachts ✱.
23	S 10 ···	S 10 ···	S 10 ···	10,0	1,4	Morgens ✱ u. ⊥, 6h—9h ✱.
24	S 10 ···	S 10 ···	S 10 ···	10,0	4,4	20½h—9h ✱ u. Nachts ✱.
25	S 10 ···	FHS 2 ···	S 10 ···	7,3	0,2	Abends m, Nachts ✱.
26	S 10 ···	S 10 ···	··· 0 ···	6,7	0,2	Morgens m, u. ✱, 1h—2h ✱, stürmisch, Abends Dunst.
27	FHS 7 NW	S 10 ···	S 7 ···	8,0	···	Morgens ✱, 7h ⊥, tagsüber stürmisch, 9½h Windstärke 7.
28	FS 6 W	FHS 3 W	S 5 ···	4,7	···	
29	S 10 ···	HS 10 W	S 10 ···	10,0	1,4	18½h ✱, 1h m, 0h ✱, 6h—9h ✱, Abends m, Nachts ✱.
30	HS 10 ···	FHS 6 NW	··· 0 ···	5,3	1,8	Nachts ✱, 20h—21h ✱, Abends Dunst, Nachts ✱.
31	S 10 ···	S 10 ···	S 10 ···	10,0	2,4	19h—2h ✱, Nachts ✱.
Mittel	9,7	8,7	8,8	9,1	S. 17,5	

b) Autographische Aufzeichnungen.

Luftdruck auf 0° reducirt in Millimetern = 700mm +

Tag	12h	14h	16h	18h	20h	22h	0h	2h	4h	6h	8h	10h	Tagesmittel	Max.	Min.
1	50,5	51,2	51,4	51,9	51,6	51,7	51,6	51,8	52,2	52,6	53,0	53,9	51,80	54,9	50,5
2	54,9	55,6	56,2	56,7	57,6	58,0	57,6	57,3	57,5	57,6	57,8	57,4	57,02	58,2	54,9
3	57,4	57,0	56,1	56,7	55,3	54,9	53,7	52,6	52,4	51,9	51,4	50,9	54,10	57,4	50,6
4	50,6	50,2	49,9	49,5	50,1	50,4	50,3	50,2	50,1	50,4	50,6	51,1	50,28	51,4	49,5
5	51,4	51,6	51,6	51,5	52,2	52,7	52,9	52,6	52,3	52,4	52,5	52,4	52,17	53,0	51,4
6	52,5	52,3	51,9	51,4	51,9	51,9	51,5	50,9	50,3	50,2	50,2	50,1	51,24	52,8	49,9
7	49,8	49,8	49,6	49,6	50,4	50,6	50,8	51,2	51,2	51,6	52,1	51,9	50,72	52,3	49,3
8	51,9	52,3	52,1	51,9	52,6	52,7	52,0	51,2	50,5	49,7	49,6	49,1	51,13	52,7	48,8
9	48,3	47,8	46,9	46,2	46,4	46,3	45,9	45,4	45,2	45,1	45,3	45,4	46,19	48,3	45,1
10	45,4	45,1	45,3	44,6	45,1	45,2	45,0	44,5	44,5	44,6	44,7	44,5	44,90	45,4	44,0
11	44,0	43,7	43,1	42,4	42,3	41,9	41,4	40,8	40,6	40,7	40,7	40,4	41,83	44,0	40,1
12	40,1	40,1	39,9	39,1	39,6	39,6	39,2	38,5	38,4	38,6	38,7	38,8	39,23	40,1	38,4
13	38,6	38,3	38,3	37,9	38,3	38,2	38,8	38,1	38,3	38,6	39,1	39,5	38,13	39,8	38,1
14	39,8	40,1	40,4	40,5	41,5	42,2	42,5	42,4	42,8	43,2	43,7	44,2	41,91	44,3	39,8
15	44,3	44,5	44,5	44,5	45,1	45,3	45,3	45,1	45,0	44,8	44,9	44,7	44,82	45,5	44,3
16	44,6	44,6	44,2	44,1	44,2	44,0	43,6	43,0	42,7	42,5	43,3	43,6	43,46	44,6	41,2
17	41,2	41,2	40,7	40,3	40,6	41,0	41,0	41,0	41,1	41,6	42,1	42,6	41,19	42,8	40,3
18	42,8	43,0	42,9	43,0	43,1	43,3	43,2	43,0	42,9	43,0	43,2	43,3	43,06	43,4	42,8
19	43,2	43,8	43,7	43,8	44,2	44,8	45,0	44,9	45,2	45,6	46,4	47,4	44,82	47,7	43,2
20	47,7	47,9	48,3	48,2	48,7	48,9	48,6	47,6	47,4	46,9	46,7	46,0	47,74	49,2	45,6
21	45,6	45,3	44,4	43,4	42,8	42,0	41,0	39,1	37,9	36,3	34,9	33,4	40,51	45,6	31,8
22	31,8	30,0	28,7	27,2	26,2	25,8	24,9	23,9	23,5	23,6	23,6	23,6	26,07	31,8	23,4
23	23,1	23,4	23,4	23,5	24,0	24,8	25,4	25,8	26,3	26,9	27,9	28,4	25,26	28,4	22,3
24	28,4	28,5	28,4	28,1	27,0	29,1	29,3	28,0	28,7	29,7	30,2	30,4	28,70	30,5	27,5
25	30,5	30,7	32,2	32,8	34,1	35,4	35,4	34,1	32,9	32,0	30,7	29,7	32,86	35,9	29,8
26	28,0	28,4	28,5	27,9	28,5	30,2	31,7	33,3	34,3	35,3	35,4	36,5	31,64	36,5	27,9
27	36,3	36,9	35,1	34,7	35,5	35,7	36,4	36,5	37,2	37,6	38,1	38,4	36,42	38,6	34,7
28	38,8	38,6	38,7	39,2	39,8	40,2	40,2	39,4	38,3	39,1	38,8	38,4	39,21	40,4	38,4
29	37,6	36,8	36,6	36,8	36,5	36,8	36,4	36,1	36,0	35,8	35,7	36,0	36,38	37,6	35,7
30	36,1	36,2	36,3	36,3	36,2	35,7	35,0	34,6	33,9	34,0	33,5	33,4	35,08	36,4	32,8
31	32,8	32,0	31,4	30,9	30,6	30,6	30,9	31,1	31,6	32,5	33,8	34,5	31,89	35,0	30,6
Mittel	42,22	42,17	41,96	41,69	42,01	42,23	42,10	41,74	41,62	41,75	41,88	41,86	41,94	44,01	40,71

Tag	Lufttemperatur nach Celsius														
	12h	14h	16h	18h	20h	22h	0h	2h	4h	6h	8h	10h	Tagesmittel	Max.	Min.
1	3,2	3,3	3,0	3,6	3,6	3,9	4,6	4,6	4,5	4,4	4,0	4,0	3,89	4,6	3,0
2	3,9	3,2	3,0	1,8	1,6	2,0	2,7	3,1	3,1	2,2	1,6	1,5	2,48	3,9	1,0
3	1,0	0,4	0,0	−0,2	−0,1	0,1	0,5	0,7	0,4	−0,3	−0,3	−0,3	0,18	0,7	−0,3
4	−0,3	−0,4	−0,5	−0,6	−0,5	−0,2	0,0	0,5	0,1	−0,1	−0,2	−0,2	−0,29	0,5	−0,6
5	−0,3	−0,5	−0,6	−0,7	−0,6	−0,3	0,0	0,2	0,1	−0,8	−0,4	−0,7	−0,37	0,2	−1,0
6	−1,0	−1,5	−1,7	−2,0	−2,1	−2,0	−1,8	−1,3	−1,4	−1,6	−1,6	−1,5	−1,63	−1,0	−2,1
7	−1,5	−1,3	−1,2	−1,1	−1,1	−1,1	−1,0	−1,0	−0,9	−0,9	−0,8	−0,8	−1,06	−0,7	−1,5
8	−1,1	−1,4	−2,0	−2,9	−3,6	−3,2	−3,0	−2,3	−2,4	−2,8	−3,0	−3,2	−2,58	−1,1	−3,6
9	−3,2	−3,2	−2,9	−2,7	−1,9	−1,3	−0,6	−0,5	−0,5	−0,8	−0,9	−1,0	−1,63	−0,5	−3,2
10	−0,9	−0,8	−0,9	−1,0	−0,7	0,0	0,2	0,8	0,9	0,7	0,6	0,6	−0,04	0,9	−1,0
11	0,6	0,6	0,6	0,7	0,8	1,1	1,2	1,6	1,6	1,5	1,5	1,5	1,11	1,6	0,6
12	1,5	1,6	1,6	1,7	2,1	2,2	2,7	3,0	2,6	2,6	2,4	2,2	2,20	3,0	1,5
13	2,1	1,9	1,8	1,7	1,5	1,6	1,9	2,2	2,1	1,9	1,8	1,7	1,85	2,2	1,5
14	1,6	1,3	1,1	1,0	1,0	1,1	1,2	1,4	1,3	0,8	0,6	0,5	1,08	1,6	0,5
15	0,5	0,6	0,6	0,6	0,5	0,5	0,5	0,7	1,0	1,0	0,9	1,0	0,70	1,2	0,5
16	1,2	1,2	1,2	1,3	2,0	2,3	2,7	3,2	3,4	3,5	3,8	4,0	2,48	4,0	1,2
17	3,9	3,6	4,1	3,3	3,5	5,0	6,0	6,3	6,4	5,4	5,2	4,9	4,78	6,6	3,2
18	4,7	4,7	4,3	4,2	4,3	4,3	4,5	4,8	4,5	4,0	3,7	2,7	4,23	4,8	1,7
19	1,7	1,3	0,7	0,5	0,4	0,5	0,5	0,1	−0,2	−0,7	−1,8	−2,3	0,06	1,7	−2,9
20	−2,9	−3,3	−3,6	−4,0	−4,0	−3,8	−3,8	−3,5	−3,8	−4,3	−4,8	−5,6	−3,95	−2,9	−5,9
21	−5,9	−6,3	−6,1	−5,9	−5,8	−5,7	−5,5	−5,4	−5,4	−5,6	−5,7	−5,6	−5,74	−5,4	−6,3
22	−5,4	−5,3	−5,1	−4,9	−4,4	−4,1	−3,9	−3,6	−3,5	−3,7	−4,1	−4,4	−4,37	−3,5	−5,4
23	−4,3	−3,9	−3,7	−3,5	−3,8	−4,2	−4,6	−5,0	−5,1	−5,9	−6,4	−6,9	−4,78	−3,5	−6,9
24	−6,9	−6,7	−6,5	−6,4	−6,3	−6,1	−5,4	−4,6	−4,5	−4,4	−4,5	−4,7	−5,58	−4,4	−6,9
25	−4,7	−4,5	−4,6	−4,9	−5,2	−5,2	−5,1	−5,0	−4,9	−4,2	−3,8	−3,3	−4,62	−3,2	−5,2
26	−3,2	−2,9	−1,9	−1,5	−1,5	−1,4	−1,2	−3,2	−3,4	−3,6	−4,2	−4,2	−2,70	−1,2	−4,3
27	−3,6	−3,3	−3,0	−2,3	−2,2	−2,0	−1,2	−1,5	−2,6	−2,6	−2,6	−2,7	−2,47	−1,2	−3,6
28	−2,9	−2,7	−2,9	−3,3	−3,0	−1,8	−0,3	0,5	0,2	−0,7	−1,4	−1,7	−1,67	0,5	−3,3
29	−1,4	−1,4	−1,4	−1,4	−1,4	−1,0	0,2	0,9	0,3	−0,8	−1,3	−2,6	−0,94	0,9	−3,4
30	−3,4	−4,4	−4,9	−5,1	−5,0	−4,0	−1,9	−1,5	−2,2	−3,1	−4,9	−4,8	−3,68	−1,5	−5,2
31	−4,7	−4,7	−4,7	−4,6	−4,8	−4,4	−4,2	−3,9	−3,8	−3,8	−3,7	−3,5	−4,23	−3,4	−4,8
M.M.	−1,02	−1,12	−1,17	−1,25	−1,19	−0,98	−0,45	−0,25	−0,40	−0,73	−0,95	−1,14	−0,88	0,17	−2,02

Tag	Richtung (R), Geschwindigkeit (G) des Windes in 1 Secunde in Metern												Tagesmittel
	12h R G	14h R G	16h R G	18h R G	20h R G	22h R G	0h R G	2h R G	4h R G	6h R G	8h R G	10h R G	G
1	S 6,0	WSW 4,8	WSW 3,9	W 5,1	WSW 1,3	S 5,2	WSW 4,0	SSW 3,6	WSW 4,3	W 4,2	WSW 4,4	WSW 3,6	4,5
2	NNW 1,4	W 0,7	NNW 0,4	NNW 0,9	NNW 0,7	NNW 1,1	NNW 1,6	NW 2,6	NNW 1,6	WNW 1,4	NW 0,9	NNW 1,3	1,2
3	NW 0,8	NW 0,1	NNW 0,6	NE 1,3	NNE 1,5	WNW 0,7	NNW 1,2	NNE 0,8	NNE 2,0	NNW 1,7	NNW 2,2	WNW 1,8	1,3
4	NW 2,0	WNW 2,5	WNW 2,2	WNW 2,8	WNW 1,7	WNW 1,2	NW 1,7	WNW 1,6	WNW 0,7	NW 0,7	SW 0,8	SSW 0,9	1,6
5	S 0,9	SSW 0,7	SSW 1,0	S 1,3	SSW 1,4	S 1,2	SSW 1,8	SE 1,9	ESE 1,8	ESE 1,6	SE 1,5	ESE 1,7	1,4
6	ESE 1,7	SE 2,0	SSE 2,0	SE 1,6	ESE 2,8	SE 2,8	SE 2,7	SE 2,0	SSE 2,6	ESE 3,0	SE 3,0	SE 1,9	2,3
7	ESE 1,8	SE 1,9	SE 2,0	SE 2,1	SE 1,7	SE 1,9	ESE 2,0	ESE 2,0	SE 2,0	SE 1,8	ESE 2,0	SE 2,0	1,9
8	ESE 1,6	ENE 2,0	E 1,7	ENE 2,7	ESE 2,5	ESE 2,5	ESE 2,6	E 3,0	E 2,0	ESE 3,0	ESE 3,0	E 2,7	2,4
9	E 5,2	E 3,7	ESE 3,8	ESE 2,7	ESE 1,9	ESE 2,4	ESE 2,9	ESE 3,7	ESE 2,9	ESE 2,9	ESE 2,7	ESE 1,9	3,1
10	ESE 1,8	ESE 1,8	ESE 3,0	ESE 2,9	ESE 1,7	ESE 2,3	ESE 2,5	ESE 2,2	ESE 2,2	ESE 2,4	ESE 2,7	ESE 2,2	2,3
11	ESE 1,6	ESE 1,7	E 2,5	ESE 2,0	ESE 2,7	ESE 1,8	ESE 2,2	ESE 2,1	ESE 2,4	ESE 1,8	ESE 1,6	ESE 1,5	2,0
12	ESE 1,2	ESE 1,8	ESE 1,7	ESE 1,0	ESE 1,3	ESE 1,6	ESE 1,7	ESE 1,4	ESE 1,1	SSE 1,2	SE 1,0	SSE 1,0	1,4
13	ESE 1,0	SSE 0,8	SSE 1,6	SSE 0,9	SSW 2,6	SSW 1,9	S 1,4	SSW 1,6	SSW 1,5	SSE 0,7	S 0,8	ENE 1,0	1,3
14	ENE 1,0	NNE 0,7	NNW 0,8	NNW 0,8	NNW 1,0	NNW 1,1	NNW 1,4	NNW 1,8	NNW 1,4	NNW 1,1	NNW 1,7	NNW 1,1	1,2
15	NNW 0,8	N 1,2	NNW 1,2	NNW 1,0	NNW 1,3	NNW 1,2	NNW 1,3	N 1,2	N 1,2	N 1,0	NNW 0,9	ENE 1,1	1,2
16	NE 1,2	ENE 1,2	ESE 1,4	SE 0,8	ESE 1,2	ESE 1,1	ESE 1,6	SE 1,7	ENE 2,0	E 1,6	ESE 1,6	ESE 2,8	1,5
17	E 1,7	ENE 1,6	E 1,7	NE 0,6	SSW 1,0	ESE 1,9	SSE 2,2	E 3,0	ESE 1,6	ESE 1,7	ESE 2,2	ESE 1,5	1,7
18	ESE 1,6	ESE 1,2	SW 0,1	SSE 0,4	N 0,6	N 0,7	NNE 1,0	NNE 0,3	ENE 0,4	ENE 0,1	ENE 1,0	ENE 1,4	0,9
19	ENE 1,7	ESE 1,2	ESE 1,2	ENE 1,4	NNW 1,2	ESE 2,1	ENE 2,1	ESE 2,6	ENE 2,7	E 2,9	ESE 2,8	E 3,0	2,1
20	ESE 2,3	ESE 2,0	ESE 1,8	ESE 1,6	ESE 1,6	ENE 2,0	ESE 1,8	ESE 1,0	E 1,4	ENE 2,0	W 0,7	NNW 0,6	1,6
21	NW 0,4	NNW 0,8	NW 0,7	WNW 0,7	NNW 1,2	WSW 1,3	WSW 1,4	S 1,0	S 1,6	NNE 0,6	SSE 1,4	SSW 1,4	1,0
22	WSW 2,4	WNW 1,8	SSE 1,6	SSE 1,9	SSE 2,1	SSE 2,1	SSW 1,6	ESE 1,8	ENE 2,6	NNE 1,4	NNW 1,1	NNW 1,8	1,9
23	NNW 1,7	NNW 1,6	NNW 2,3	NNW 2,7	NNW 2,2	N 2,2	N 2,6	NNW 3,1	NNW 2,9	N 3,5	N 2,8	NNW 2,2	2,4
24	NNW 2,2	NNW 2,7	NNW 2,4	NNW 3,1	N 2,5	NNW 1,1	W 1,0	NNW 1,2	WNW 1,7	SW 1,8	WSW 2,5	WSW 3,7	2,2
25	WNW 3,3	NNW 4,5	NW 4,7	NW 4,5	NW 5,2	W 1,5	WNW 4,1	WSW 3,0	WSW 6,7	WSW 2,9	WSW 5,0	WSW 3,6	4,1
26	SSW 7,2	WSW 5,0	W 4,3	WNW 4,1	W 4,8	WSW 4,7	WSW 2,4	WSW 6,7	W 5,5	WSW 4,5	WNW 3,9	WSW 4,8	4,7
27	WSW 4,7	WSW 5,8	SW 5,5	WSW 5,9	WSW 6,6	WSW 6,5	WSW 5,7	WSW 4,7	W 8,1	W 4,1	W 6,0	W 6,3	5,6
28	WSW 6,8	W 6,0	WSW 5,1	WSW 5,0	W 5,1	WSW 6,0	W 5,1	WSW 4,9	W 2,4	WSW 4,7	WSW 4,0	WSW 1,3	5,0
29	WSW 5,6	WSW 5,0	WSW 6,2	W 4,9	W 4,0	W 3,2	WSW 5,7	WSW 1,8	SSW 5,9	WSW 5,5	WSW 4,9	NNW 2,0	4,7
30	NNW 1,3	NNW 0,9	NNE 0,4	SSW 1,7	SSW 1,7	S 2,6	WSW 5,0	WSW 3,8	WSW 3,1	SSW 4,0	SSE 1,6	SSE 2,6	2,3
31	SSE 1,1	SSW 2,0	SSW 1,8	SSW 0,6	NNE 0,4	NNE 0,8	NNW 0,9	NNW 1,1	NNW 0,9	NNW 1,1	NNW 0,7	NNW 0,6	1,0
M.M.	2,42	2,25	2,26	2,26	2,28	2,34	2,42	2,51	2,46	2,17	2,27	[illegible]	2,32

a) Directe Ablesungen.

Tag	Luftdruck auf 0° reducirt in Millim. = 700mm +				Lufttemperatur nach Celsius			
	7h	2h	9h	Tagesmittel	7h	2h	9h	Tagesmittel
1	34,8	31,2	32,5	32,69	−2,1	2,6	1,3	0,53
2	31,4	25,3	24,9	27,15	0,5	6,8	6,4	4,37
3	32,8	33,9	41,7	36,04	2,0	0,0	−1,1	0,30
4	44,8	45,2	44,8	44,28	−4,4	0,7	−2,8	−2,30
5	47,6	46,6	42,1	45,46	−6,6	−2,8	−4,2	−4,67
6	37,5	37,9	37,4	37,61	−3,0	−0,1	−1,6	−1,63
7	30,9	32,5	34,9	32,77	0,0	4,0	1,1	1,70
8	44,2	50,5	54,8	49,81	−3,6	−3,8	−4,1	−3,88
9	55,8	54,4	52,4	54,21	−5,8	−4,0	−6,8	−5,53
10	48,7	47,1	47,9	47,87	−5,6	−1,2	−1,3	−2,70
11	46,1	44,1	45,2	45,12	2,5	3,0	1,1	2,20
12	44,7	45,8	46,8	45,76	0,1	0,5	0,2	0,30
13	46,8	46,1	44,5	45,92	−0,9	1,8	−0,6	0,10
14	40,0	38,7	41,3	39,99	3,6	6,4	4,6	4,87
15	48,6	52,7	57,7	52,98	−0,4	−1,0	−3,5	−1,83
16	60,2	60,2	58,1	59,52	−4,6	−2,1	−3,9	−3,87
17	56,3	56,1	54,6	55,30	−0,7	4,5	2,0	1,93
18	56,5	55,9	55,8	56,06	0,1	5,8	1,8	2,57
19	56,5	58,8	57,3	56,86	−2,2	0,8	−2,0	−1,20
20	56,6	58,6	55,2	55,79	−2,1	−0,5	−1,9	−1,60
21	52,6	46,5	48,6	49,20	−2,1	8,0	4,0	3,83
22	51,6	53,9	56,3	53,94	1,6	4,2	3,1	2,93
23	56,1	56,5	57,4	56,67	4,8	8,9	6,8	6,77
24	58,2	57,9	58,6	58,26	6,8	9,6	6,6	7,67
25	57,9	55,7	52,9	55,49	2,9	10,1	7,1	6,70
26	49,1	50,1	50,6	49,92	8,0	13,1	10,1	10,40
27	50,5	50,3	50,7	50,48	6,2	12,4	7,9	8,90
28	50,1	49,0	48,7	48,56	6,5	9,3	7,0	7,63
Mittel	48,10	47,87	48,24	48,07	0,00	3,43	1,28	1,57

Tag	Dunstdruck in Millimetern				Relative Feuchtigkeit				Richtung und Stärke des Windes [Scala: 0—10]		
	7h	2h	9h	Tagesmittel	7h	2h	9h	Tagesmittel	7h	2h	9h
1	3,6	4,2	4,2	4,0	91	75	82	84	SW 1	SSW 3	SSW 2
2	4,1	6,7	6,1	5,3	85	91	82	84	SSW 2	WNW 4	W 2
3	4,2	3,8	2,9	3,6	74	83	69	77	W 3	WSW 1	NNW 5
4	2,9	4,0	3,1	3,3	88	83	91	87	SW 2	S 3	NE 2
5	2,8	3,0	2,4	2,7	93	81	94	86	— 0	E 3	E 3
6	3,2	3,9	3,6	3,6	87	85	88	87	SE 2	W 1	ENE 1
7	4,3	3,7	4,3	4,1	91	61	87	81	E 1	W 6	SW 4
8	2,9	2,6	2,9	2,8	85	78	87	83	N 0	N 4	NW 3
9	2,5	2,7	2,5	2,6	85	80	92	86	E 2	ESE 2	— 0
10	2,7	3,4	3,8	3,3	95	80	90	87	N 1	N 1	— 0
11	4,5	4,5	3,6	4,2	80	79	70	76	WNW 1	WSW 2	WNW 1
12	3,6	3,8	2,9	3,5	81	80	62	74	W 1	N 3	W 4
13	3,3	3,5	3,8	3,8	76	66	83	75	W 3	WNW 3	SW 1
14	4,7	5,4	5,1	5,1	80	76	81	79	SW 6	W 6	NW 3
15	3,1	3,0	2,5	2,9	70	71	72	71	NNE 1	N 1	NE 3
16	2,2	2,8	3,2	2,8	81	71	87	81	NW 1	ESE 1	ENE 1
17	3,1	3,0	4,0	3,4	71	47	76	64	SSW 2	SW 2	SSE 2
18	3,9	5,0	4,8	4,6	85	73	91	83	SSW 1	NE 1	NE 1
19	3,8	4,4	4,9	4,0	98	92	98	96	— 0	NE 1	— 0
20	3,8	4,1	4,0	4,0	99	92	100	97	— 0	NNE 1	N 1
21	3,9	5,4	4,9	4,7	100	67	80	82	SSW 1	SW 1	SW 5
22	3,4	3,3	4,5	3,7	68	56	78	68	WNW 6	W 3	W 3
23	5,0	5,6	5,8	5,5	78	68	83	75	W 5	W 5	W 4
24	6,1	6,1	5,0	5,7	82	69	68	73	W 4	WNW 2	W 3
25	4,8	5,6	4,8	5,1	85	61	64	70	W 1	W 3	SW 1
26	4,6	6,6	6,3	6,3	75	58	68	67	WSW 6	W 2	W 2
27	5,5	5,2	6,1	5,7	78	48	81	69	SW 2	W 2	— 0
28	6,1	5,5	6,2	6,1	81	67	82	78	NW 1	SE 1	SE 1
Mittel	3,8	4,1	4,2	4,1	84	72	81	79	2,2	2,5	2,1

Tag	Bewölkung (Scala: 0 = heiter, 10 = trüb) und Wolkenzug 7h	2h	9h	Tagesmittel	Niederschlag in Millimetern	Bemerkungen
1	S 10 ···	FRS 9 ···	S 10 ···	9,7	0,6	Nachts ✱, 19h—21h ✱, Morgens u. Abends ≡.
2	S 10 ···	S 10 ···	S 10 ···	10,0	11,8	Morgens ≡, 19h—22h ✱, 22h—Nachts ●.
3	S 10 ···	FRS 7 W	··· 0 ···	5,7	0,0	Morgens ≡, 20h—1h ✱.
4	S 3 ···	S 10 ···	S 10 ···	7,7	2,1	Morgens ≡, ⊔, 3h—5h ✱, Abends ≡.
5	S 10 ···	FS 1 ···	S 10 ···	7,0	0,8	Morgens ≡, ⊔, Abends ≡, starker Dunst, Nachts ✱.
6	S 10 ···	S 10 ···	RS 9 ···	9,7	2,8	19h—3h ✱, 2h ≡.
7	S 10 ···	S 10 ···	FS 9 ···	9,7	3,1	Morgens ≡ u. Glatteis, 20h—22h ✱ mit ●, Nachts ✱.
8	S 10 ···	S 10 ···	S 10 ···	10,0	0,6	20h ● bis 22h ✱.
9	S 10 ···	S 6 ···	··· 0 ···	5,3	···	Abends Dunst.
10	S 10 ···	S 10 ···	S 10 ···	10,0	···	Morgens ≡, ⊔, 2h ≡, 6h ●, Abends ≡.
11	S 10 ···	S 10 ···	RS 2 ···	7,3	···	Morgens u. Abends ≡, Nachts ✱.
12	S 10 ···	RS 5 NW	S 10 ···	8,3	···	20h—21h, 23h ✱, 1¼h ✱, 5½h ⊕ (doppelt), Abends ≡.
13	RS 9 W	FR 2 ···	F 1 ···	4,0	···	
14	RS 10 ···	S 10 ···	S 10 ···	10,0	0,2	19h u. 23h—0h ●, 2h zeitweilig stürmisch, 6h—8h ●.
15	S 9 ···	S 10 ···	FRS 9 N	9,3	···	
16	FR 5 N	S 4 ···	FS 7 ···	5,3	···	Tagsüber ≡.
17	FS 8 ···	FR 6 W	FRS 8 ···	7,3	···	Tagsüber ≡.
18	S 8 ···	S 7 ···	S 6 ···	7,0	···	Tagsüber ≡, Morgens ⊔, Abends Dunst.
19	S 10 ···	FS 10 ···	S 10 ···	10,0	···	Morgens ≡, ⊔, Abends ≡, tagsüber ≡.
20	S 10 ···	S 10 ···	S 10 ···	10,0	···	Morgens u. Abends ≡, tagsüber ≡.
21	S 10 ···	FS 9 ···	FS 3 ···	7,3	···	Morgens ≡, ⊔.
22	FRS 8 NW	FRS 9 W	RS 8 NW	8,3	···	19h ✱, 2h—5h ✱ u. ●.
23	FRS 8 NW	S 10 ···	S 10 ···	9,3	0,1	Nachts ●.
24	S 10 ···	RS 9 NW	RS 9 ···	9,3	···	Morgens u. Abends ≡.
25	FS 4 W	FS 5 W	S 10 ···	6,3	···	Morgens ≡, ⊔, Abends stürmisch, Nachts ●.
26	S 10 ···	FS 8 NW	··· 0 ···	6,0	0,3	Morgens ●, stürmisch.
27	FR 2 W	FRS 8 W	S 5 ···	5,0	···	
28	S 10 ···	RS 9 ···	RS 9 ···	9,3	···	Morgens ≡.
Mittel	8,7	7,9	7,3	8,0	S. 21,3	

b) Autographische Aufzeichnungen.

Luftdruck auf 0° reducirt in Millimetern = 700mm +

Tag	12h	14h	16h	18h	20h	22h	0h	2h	4h	6h	8h	10h	Tagesmittel	Max.	Min.
	mm	mm	mm	mm	mm	mm	mm	mm	mm	mm	mm	mm	mm	mm	mm
1	35,9	35,4	35,3	35,9	34,6	34,2	33,7	33,2	32,9	32,7	32,7	32,8	33,98	35,6	32,7
2	32,8	32,6	32,8	31,8	31,1	29,5	27,2	25,3	24,2	24,0	24,2	25,7	28,35	32,9	24,0
3	26,8	27,9	29,8	32,0	33,6	34,6	35,6	35,9	38,5	39,1	40,2	41,8	34,42	42,6	26,9
4	43,6	44,2	41,7	44,7	45,0	45,0	44,5	43,2	43,3	43,5	44,2	45,2	44,26	45,7	43,1
5	45,7	46,6	46,9	47,4	48,0	48,1	48,0	46,6	45,5	44,3	42,8	41,5	45,94	48,3	40,1
6	40,1	39,0	38,1	37,6	37,7	37,8	38,0	37,9	38,1	38,0	37,8	36,9	38,08	40,1	35,8
7	35,8	34,6	33,4	31,6	30,3	29,7	31,2	32,5	32,8	33,7	34,6	35,3	32,89	36,5	29,7
8	36,5	38,3	40,2	42,8	45,8	47,7	49,2	50,5	51,5	52,9	54,3	54,8	47,04	55,2	36,5
9	56,1	55,8	56,9	56,8	56,1	56,1	55,5	54,4	53,1	55,0	52,5	52,3	54,64	56,1	51,7
10	51,9	50,5	50,1	49,0	48,6	48,2	47,6	47,1	46,8	47,0	47,3	47,1	48,46	51,9	46,8
11	47,2	46,9	46,8	46,1	46,1	46,7	45,1	44,1	44,1	44,4	44,8	45,4	45,53	47,2	44,0
12	45,0	44,6	44,4	44,4	44,8	45,5	45,0	45,8	46,3	46,7	46,6	47,0	45,59	47,0	44,2
13	46,8	46,8	46,7	46,8	47,0	47,3	47,1	46,4	46,8	46,6	44,8	44,4	46,29	47,4	43,8
14	43,6	42,1	41,0	40,4	38,8	39,4	38,8	38,7	38,6	39,6	40,1	42,0	40,27	43,8	38,6
15	43,8	44,9	48,0	47,8	49,6	51,0	52,1	52,7	53,7	54,9	56,6	57,9	50,92	58,1	43,8
16	58,4	59,4	59,7	60,1	60,5	61,2	61,2	60,2	59,2	58,6	58,2	57,2	59,58	61,7	57,1
17	57,3	56,6	56,4	56,5	56,4	56,5	56,7	56,1	55,8	55,8	56,5	56,7	56,44	57,3	55,7
18	56,7	56,7	56,5	56,4	56,7	56,7	56,5	55,9	55,2	55,2	55,6	55,8	56,16	56,9	55,1
19	55,8	55,9	55,9	56,1	57,0	57,0	57,2	56,8	56,7	57,0	57,2	57,3	56,68	57,3	55,8
20	57,3	57,1	56,8	56,5	56,8	56,7	56,4	55,6	55,4	55,4	56,1	55,0	56,19	57,3	54,6
21	54,6	54,2	53,6	52,9	52,6	51,6	50,1	49,5	47,9	47,1	46,8	46,8	50,56	54,6	46,5
22	47,8	49,7	50,7	51,2	52,4	53,0	54,0	53,9	54,3	54,9	55,8	56,1	52,88	56,4	47,8
23	56,3	55,9	55,7	56,0	56,1	56,5	56,7	56,6	56,7	56,7	57,3	57,6	56,52	57,7	55,6
24	57,7	57,8	57,7	57,8	58,5	58,5	58,3	57,9	57,9	58,3	58,5	58,6	58,13	58,8	57,7
25	58,6	58,6	58,1	58,0	58,0	57,5	56,7	55,7	54,6	53,8	53,2	51,9	56,21	58,8	50,8
26	51,0	50,5	49,7	49,4	49,8	50,0	50,4	50,1	49,7	50,2	50,3	50,9	50,12	51,2	49,1
27	50,9	50,8	50,5	50,5	50,8	50,7	50,7	50,8	50,0	50,2	50,3	50,8	50,51	50,9	49,9
28	50,6	50,5	50,1	50,0	50,2	50,1	50,0	49,0	48,1	47,6	47,0	46,4	49,13	50,6	45,8
Mittel	47,95	47,99	47,95	48,02	48,16	48,44	48,28	47,91	47,68	47,92	48,06	48,30	48,02	50,67	45,11

Tag	Lufttemperatur nach Celsius														
	12h	14h	16h	18h	20h	22h	0h	2h	4h	6h	8h	10h	Tagesmittel	Max.	Min.
1	—3,4	—3,2	—3,0	—2,8	—1,8	—0,5	2,4	2,6	2,5	1,9	1,7	1,1	—0,21	2,6	—3,4
2	0,8	0,7	0,2	0,4	0,8	1,6	2,9	5,8	6,1	5,7	6,8	6,8	3,18	7,0	0,2
3	6,3	4,8	2,3	2,0	2,0	1,0	0,1	0,0	—0,2	0,0	—0,6	—1,8	1,83	6,5	—2,9
4	—2,9	—3,7	—3,5	—4,2	—4,2	—2,8	—0,9	0,7	—0,8	—2,6	—3,5	—3,6	—2,63	0,7	—4,4
5	—3,5	—3,5	—4,3	—5,6	—3,9	—4,8	—4,6	—2,8	—3,8	—4,2	—5,4	—6,4	—4,56	—2,8	—6,4
6	—6,1	—5,0	—3,9	—2,9	—2,9	—2,4	—1,3	—0,1	0,0	—0,6	—1,3	—1,6	—2,34	0,0	—6,1
7	—2,1	—2,1	—1,9	—0,9	1,3	2,0	3,7	4,0	3,7	2,4	1,6	1,0	1,06	4,0	—2,1
8	0,8	—0,8	—0,9	—2,6	—4,0	—4,6	—4,2	—3,8	—3,5	—3,7	—4,2	—4,1	—2,97	0,8	—4,6
9	—4,6	—5,3	—5,6	—5,9	—5,7	—4,8	—4,2	—4,0	—4,3	—5,3	—6,1	—7,5	—5,28	—4,0	—7,9
10	—7,9	—7,7	—7,5	—6,4	—4,6	—3,7	—2,3	—1,2	—1,1	—1,3	—1,3	—0,9	—3,91	—0,5	—7,9
11	—0,5	0,1	0,6	1,8	2,7	2,9	3,1	3,0	1,9	1,7	1,5	0,5	1,61	3,1	—0,5
12	0,5	0,7	0,4	0,9	0,1	0,0	0,7	0,5	0,7	0,1	0,2	0,2	0,31	0,9	0,0
13	0,1	—0,3	—0,6	—0,8	—0,7	—0,1	1,2	1,8	1,4	0,3	—0,4	—0,6	0,11	1,8	—0,9
14	—0,3	0,4	2,2	2,9	3,8	4,6	5,6	6,4	6,1	5,9	5,1	3,6	3,86	6,4	—0,3
15	2,2	1,7	0,6	0,0	—0,7	—0,8	—0,8	—1,0	—1,6	—2,0	—3,0	—4,2	—0,89	2,2	—4,6
16	—4,6	—6,2	—6,6	—6,6	—6,1	—5,1	—4,1	—2,1	—1,9	—2,3	—2,7	—2,8	—4,26	—1,9	—6,6
17	—2,4	—1,7	—1,4	—1,1	—0,4	1,5	3,5	4,6	2,7	2,5	2,2	1,9	0,98	4,5	—2,4
18	1,3	1,3	1,0	0,4	0,2	1,2	3,2	5,9	5,8	4,3	3,8	1,8	2,47	5,8	0,1
19	0,2	—0,3	—0,7	—2,1	—2,2	—2,0	—0,8	0,6	0,1	—1,0	—1,7	—2,2	—1,01	0,6	—2,2
20	—2,1	—2,2	—2,3	—2,1	—2,0	—1,8	—1,6	—0,5	—0,7	—1,6	—1,3	—1,7	—1,68	—0,5	—2,2
21	—1,6	—2,1	—2,3	—2,3	—1,3	—0,4	3,8	8,0	7,9	6,3	4,6	4,0	2,00	8,6	—2,3
22	3,1	2,7	2,4	1,9	1,6	2,3	3,5	4,2	3,9	3,1	3,1	3,3	2,93	4,2	1,5
23	3,5	3,6	4,5	4,7	5,1	6,3	8,0	8,9	6,9	6,9	6,8	6,4	5,97	8,9	3,5
24	6,1	6,2	6,2	6,6	6,9	7,7	9,0	9,6	9,1	7,7	6,9	6,5	7,39	9,6	6,1
25	6,1	5,5	4,7	3,0	3,4	5,0	8,2	10,1	9,6	8,6	7,4	7,2	6,58	10,2	2,9
26	7,5	7,7	7,9	7,9	8,4	9,6	11,8	13,1	10,5	10,4	10,2	9,7	9,51	13,1	7,5
27	9,4	8,2	7,7	7,1	6,7	8,2	11,2	12,6	11,6	10,5	9,2	7,6	9,23	12,6	6,2
28	7,2	6,7	6,5	6,5	6,7	7,3	8,3	9,3	9,3	9,0	7,7	6,5	7,58	9,8	5,7
M.M.	0,47	0,22	0,10	—0,04	0,23	1,00	2,81	3,43	2,95	2,25	1,68	1,08	1,39	4,05	—1,21

Tag	Richtung (R), Geschwindigkeit (G) des Windes in 1 Secunde in Metern.												Tagesmittel
	12h R G	14h R G	16h R G	18h R G	20h R G	22h R G	0h R G	2h R G	4h R G	6h R G	8h R G	10h R G	G
1	NNW 0,6	NNW 0,4	SSE 0,4	SSW 0,7	SSW 0,9	SSW 2,3	WSW 4,4	W 2,0	WSW 2,3	SSW 3,0	SSW 3,6	SSW 2,7	1,9
2	SSW 1,8	SSW 1,7	SSW 1,8	S 1,7	SSW 2,6	SSW 1,8	SSW 3,5	WSW 2,9	WSW 4,8	SSW 2,6	WNW 4,7	WNW 5,1	2,9
3	WNW 2,2	NW 1,5	NNE 0,9	W 2,3	WNW 2,8	NNW 3,2	NNW 2,0	WNW 1,1	WSW 1,3	WNW 3,0	W 3,7	WNW 3,3	2,3
4	WNW 2,7	WNW 1,0	SSW 0,8	S 1,3	SSW 1,3	SSW 1,8	SSW 1,7	SSE 1,5	WNW 0,8	NE 1,6	ENE 1,4	NNE 0,6	1,4
5	NNW 0,6	NNW 0,3	SW 0,4	SW 0,7	SW 2,4	WNW 1,0	ESE 1,3	ENE 2,7	ESE 3,5	ESE 2,3	ESE 2,9	E 3,5	1,8
6	ENE 2,3	ENE 0,6	SSE 1,0	ESE 1,8	ESE 1,3	SSE 1,3	S 1,3	SW 0,9	SSW 0,7	ESE 1,2	ESE 0,7	ENE 0,8	1,2
7	NNW 0,6	NNW 0,4	NNE 0,1	NNW 0,2	ESE 1,4	S 2,0	W 9,1	WNW 4,5	WNW 3,8	WSW 2,9	SW 3,3	SSW 2,1	2,6
8	SSW 0,7	NNW 2,7	NNW 4,5	NNE 4,8	NNW 5,0	N 5,3	NNW 4,4	N 3,7	N 3,1	NNE 2,7	WNW 2,8	N 1,8	3,5
9	N 1,8	NNW 0,6	NNW 0,4	N 0,9	ESE 1,3	SSE 1,2	SSE 1,8	ESE 2,2	E 2,6	ESE 1,2	E 0,7	NNW 0,7	1,3
10	N 0,5	NNE 0,7	NNW 0,6	NNE 0,7	NNW 0,1	NNW 1,0	NNW 0,9	NNE 0,8	ENE 1,2	NNE 0,6	N 0,4	N 0,6	0,7
11	NNE 0,3	NNE 0,8	W 1,7	W 1,6	W 1,6	WSW 1,6	WSW 1,7	WSW 1,3	WNW 2,7	WNW 2,9	WNW 2,1	W 0,7	1,6
12	WNW 2,6	WNW 4,1	WNW 3,7	WNW 2,8	WNW 3,5	WNW 2,8	WNW 4,8	WSW 5,5	WNW 4,2	WSW 2,8	WSW 3,2	WNW 2,0	3,5
13	WNW 5,6	WNW 3,1	WNW 3,2	WNW 3,5	WNW 4,0	WNW 3,9	WNW 3,4	WNW 2,8	WNW 2,0	WNW 1,3	SSW 1,4	SW 2,1	4,0
14	SW 3,5	WSW 4,0	S 5,4	WSW 3,5	WSW 5,4	W 5,0	WSW 7,0	W 5,8	W 5,7	WNW 3,7	WNW 3,1	WNW 2,5	4,6
15	N 1,7	N 1,4	NNW 1,2	NE 3,2	ENE 3,0	ENE 3,2	NNE 2,9	NE 3,9	E 1,3	E 0,9	NNE 2,2	E 2,9	2,2
16	NNW 1,1	NNE 1,1	NNW 0,5	NNW 0,6	WSW 0,6	NNE 1,0	NNE 0,9	SE 1,2	ENE 1,5	ENE 0,5	NNE 0,8	— 1,1	0,9
17	WSW 1,4	S 2,2	SSW 2,1	WNW 2,5	WSW 4,0	W 2,5	WNW 2,9	WNW 2,8	WNW 2,9	SSW 1,7	WSW 1,1	SSW 1,1	2,4
18	WSW 1,0	SSW 1,8	SSW 0,8	SSW 1,5	SSW 1,2	SSW 1,7	WSW 0,8	NE 0,8	ENE 1,1	ENE 1,0	NNE 0,6	N 0,3	1,1
19	WSW 0,3	WNW 0,7	NNW 0,2	NNW 0,6	NNW 0,7	NNE 0,9	NNW 1,2	NE 1,1	ENE 0,8	ENE 0,4	NNE 0,8	NNE 0,6	0,7
20	SW 0,7	SW 0,8	NNW 0,5	WSW 0,5	ENE 0,7	SW 0,5	NE 1,2	NE 1,9	NNW 0,7	N 1,0	N 0,8	SSW 0,6	0,8
21	SSW 1,3	WSW 0,5	SSE 0,9	SSW 0,6	NNW 0,8	NNE 0,7	NNW 0,8	SW 3,4	WSW 1,9	WSW 3,0	WSW 4,3	WSW 4,7	1,9
22	W 5,2	W 5,6	W 5,8	W 4,3	W 1,3	WNW 4,3	W 4,0	W 4,9	WSW 3,5	WNW 2,9	WNW 4,0	WNW 3,7	4,3
23	W 3,8	W 3,6	W 3,8	WNW 5,2	W 5,5	WSW 4,8	WNW 3,9	WNW 4,9	W 3,2	WSW 3,1	WSW 3,5	WSW 3,6	4,1
24	W 1,7	WSW 1,7	WSW 1,1	WSW 2,8	WSW 2,1	W 2,5	W 3,5	W 2,9	W 2,3	WNW 3,0	WNW 3,0	WNW 3,1	2,5
25	WNW 2,1	WNW 3,3	WNW 3,2	WSW 0,7	SW 2,2	SW 4,0	SW 3,7	W 3,0	WSW 3,3	SSW 2,8	SSW 1,8	WSW 6,0	3,0
26	WSW 5,4	SW 2,8	W 4,6	WSW 7,5	WSW 7,6	WSW 6,3	WSW 3,7	WSW 3,8	W 3,6	W 4,0	SW 2,0	S 1,6	4,4
27	WSW 3,3	W 4,4	W 3,8	W 2,8	SSW 1,7	WNW 3,2	WNW 2,2	WNW 2,3	WSW 0,9	N 0,5	NNE 0,5	N 0,1	2,2
28	SSW 0,2	— 0,0	NNW 0,4	NNW 0,5	ENE 0,7	ESE 1,1	ENE 2,1	E 1,7	NNE 2,0	ESE 1,5	SSE 0,7	ENE 0,7	1,0
M.M.	1,98	1,85	1,85	2,13	2,18	2,50	2,80	2,67	2,12	2,08	2,16	2,11	2,27

a) Directe Ablesungen

Tag	Luftdruck auf 0° reducirt in Millim. = 700mm + 7h	2h	9h	Tagesmittel	Lufttemperatur nach Celsius 7h	2h	9h	Tagesmittel
1	42,7	40,1	38,9	40,62	4,0	6,0	5,8	5,27
2	37,8	36,7	40,0	38,16	4,6	8,9	5,0	6,17
3	37,6	32,2	32,8	34,19	1,1	5,5	5,6	4,07
4	35,8	37,7	38,8	37,42	2,7	6,1	2,6	3,80
5	37,5	35,8	35,6	36,33	1,1	8,9	4,8	4,27
6	35,6	35,6	36,4	35,89	1,3	5,1	2,8	3,00
7	38,4	38,5	41,1	38,68	2,9	5,0	4,0	3,73
8	43,5	44,3	45,8	44,53	2,0	5,9	3,1	3,77
9	47,7	49,0	49,9	48,87	2,5	4,4	3,4	3,43
10	49,2	46,8	45,9	47,29	2,2	7,0	3,7	4,30
11	48,3	48,1	48,4	47,67	2,5	5,7	3,8	4,00
12	47,0	43,6	39,7	43,45	0,1	7,7	5,7	4,50
13	37,0	33,9	32,8	34,56	5,8	7,2	4,0	5,67
14	33,4	36,5	39,5	36,46	4,4	6,4	4,8	5,20
15	39,7	38,3	38,5	38,84	3,0	10,3	6,4	7,28
16	41,2	42,2	42,4	41,90	3,4	11,0	6,6	7,00
17	42,6	42,4	42,5	42,51	3,3	8,9	8,0	6,73
18	41,9	39,5	36,5	38,99	8,5	12,4	7,9	9,37
19	41,9	37,4	34,4	37,91	6,9	9,1	5,7	7,23
20	35,5	37,3	43,3	38,70	5,8	6,4	6,2	6,13
21	48,1	48,9	47,8	48,28	3,8	6,6	6,1	5,50
22	48,9	49,2	48,8	48,97	4,0	8,1	5,6	5,90
23	48,2	40,5	42,7	42,12	4,5	14,8	9,9	9,73
24	44,3	41,6	38,5	41,44	8,1	15,5	11,7	11,77
25	42,1	42,2	42,9	42,39	8,0	12,0	8,8	9,93
26	43,9	45,2	44,1	44,39	7,7	10,8	8,7	8,90
27	35,3	36,6	37,1	36,32	11,2	12,8	9,7	11,33
28	36,7	35,1	31,1	34,29	8,1	10,3	6,2	8,07
29	25,4	22,6	30,8	26,26	11,4	12,8	6,5	10,28
30	31,0	34,0	36,6	34,87	4,0	9,0	5,4	6,12
31	37,0	33,5	30,7	33,73	1,5	12,0	10,0	7,83
Mittel	40,19	39,50	39,81	39,84	4,41	8,77	6,27	6,48

Tag	Dunstdruck in Millimetern 7h	2h	9h	Tagesmittel	Relative Feuchtigkeit 7h	2h	9h	Tagesmittel	Richtung und Stärke des Windes [Scala: 0 — 10] 7h	2h	9h
1	5,3	6,1	6,3	6,0	87	90	91	89	N 1	WNW 1	— 0
2	5,3	6,6	5,3	5,7	84	77	81	81	SW 1	— 0	W 4
3	4,4	5,8	4,4	4,8	89	85	65	79	SE 3	SSW 3	WSW 4
4	3,9	3,4	4,1	3,8	70	47	74	64	W 3	W 4	SW 3
5	4,0	4,8	5,9	4,9	79	62	92	78	SSE 2	S 2	W 2
6	4,4	4,8	4,9	4,7	87	72	91	83	— 0	NNW 1	NW 2
7	4,8	4,9	5,1	4,9	89	75	84	83	WSW 2	W 2	— 0
8	4,2	3,5	4,3	4,0	80	50	73	68	SSW 1	SW 1	SW 1
9	4,3	4,6	4,9	4,6	77	74	83	78	W 2	— 0	S 1
10	4,5	4,1	4,6	4,4	84	55	77	72	SSW 2	SW 1	S 1
11	5,0	3,7	4,0	4,2	91	54	67	71	SSW 1	NW 4	N 2
12	4,4	4,2	4,6	4,4	92	55	67	71	S 1	SSW 2	ESE 1
13	5,0	5,8	5,5	5,3	83	70	78	77	S 1	E 2	ENE 2
14	5,7	6,1	5,7	5,8	92	86	89	89	NE 5	ENE 2	NNW 3
15	5,1	5,7	6,3	5,8	95	61	77	78	SSE 1	ENE 3	— 0
16	5,4	6,6	7,0	6,3	93	68	96	86	S 1	ESE 1	— 0
17	5,7	6,9	7,1	6,6	98	81	89	89	SSW 1	S 1	NW 2
18	6,8	7,5	6,2	6,8	94	65	78	79	WSW 1	W 2	SW 4
19	5,2	6,4	6,1	5,9	70	72	90	77	SW 3	SW 5	NW 7
20	4,8	5,5	5,0	5,2	70	83	71	75	W 5	NNW 6	W 4
21	4,2	3,8	5,0	4,3	70	53	72	65	NW 1	W 3	W 1
22	5,1	6,3	6,0	5,9	88	78	88	85	NE 1	ENE 3	E 1
23	6,0	6,5	6,5	6,3	96	52	71	73	— 0	W 5	NW 1
24	6,1	5,8	7,9	6,6	75	45	78	66	W 1	W 2	SW 4
25	5,6	5,4	5,8	5,6	68	52	69	63	WSW 4	W 6	W 7
26	5,3	5,6	6,4	5,8	69	60	76	68	W 4	NW 3	— 0
27	7,1	4,6	5,3	5,7	72	41	59	57	W 5	W 4	W 5
28	5,1	5,7	7,1	6,0	63	61	88	71	W 5	W 4	SSW 1
29	7,8	7,1	4,5	6,5	78	65	63	69	SW 3	W 4	W 5
30	4,9	3,3	4,2	4,8	61	39	63	55	WSW 3	SW 3	W 2
31	4,2	3,8	6,4	4,8	83	37	69	63	SSE 1	SSW 3	SSW 2
Mittel	5,1	5,3	5,6	5,3	82	61	78	74	2,1	2,7	2,3

Tag	Bewölkung (Scala: 0 = heiter, 10 = trüb) und Wolkenzug 7h	2h	9h	Tagesmittel	Niederschlag in Millimetern	Bemerkungen.
1	S 10 ···	S 10 ···	S 10 ···	10,0	0,4	Tagsüber $\equiv_1$, 2h ●.
2	FH 6 SW	S 10 ···	S 10 ···	8,7	4,9	Morgens ≡, 2h $\equiv_1$, 5h—7h ●.
3	FS 6 ···	S 10 ···	S 10 ···	8,7	···	Morgens ⌴, $\equiv_1$, 23h—1h ●, Abends $\equiv_1$.
4	FHS 9 W	HS 10 NW	S 2 ···	7,0	···	Abends $\equiv_1$.
5	FHS 8 S	FHS 4 SW	S 10 ···	7,3	···	10¼h △, Morgens ⌴, 7h—9h ●.
6	HS 10 ···	S 10 ···	S 10 ···	10,0	4,5	Morgens $\equiv_1$, 5h—10h ●.
7	S 10 ···	HS 10 ···	S 10 ···	10,0	0,7	Morgens $\equiv_1$, 19h—23h ●.
8	FHS 8 N	HS 10 SW	S 10 ···	9,3	···	Morgens $\equiv_1$.
9	FHS 8 W	FHS 10 E	HS 10 ···	9,3	···	1¼h u. 3¼h—4h ●.
10	S 10 ···	FHS 9 W	S 10 ···	9,7	2,9	Morgens $\equiv_1$, Abends $\equiv_1$, Nachts ●.
11	S 10 ···	FHS 7 NW	HS 10 NW	9,0	···	Morgens $\equiv_1$, ●, Abends $\equiv_1$.
12	S 6 ···	FH 9 ···	HS 9 NW	8,0	0,8	Morgens $\equiv_1$, ⌴, Nachts ●
13	S 10 ···	S 10 ···	S 10 ···	10,0	1,7	Morgens $\equiv_1$, Nachts ●.
14	S 10 ···	S 10 ···	S 10 ···	10,0	1,6	19h—6h ●.
15	S 10 ···	HS 10 SE	S 10 ···	10,0	···	Morgens $\equiv_1$.
16	S 10 ···	FS 10 W	FS 3 ···	7,7	···	Morgens $\equiv_1$, △, Abends $\equiv_1$.
17	S 10 ···	S 10 ···	S 10 ···	10,0	0,2	Morgens $\equiv_1$, △, 8h—9h ●, Abends $\equiv_1$.
18	S 10 ···	HS 10 ···	FHS 4 ···	8,0	5,6	Morgens $\equiv_1$, 1h—7h ●, 7½h—8h ● u. [K, 9½h—10½h ●.
19	FHS 9 NW	S 10 ···	S 9 ···	9,3	1,4	Tagsüber stürmisch, 1h—3h ●, 8½h—9½h [K ●, ▲
20	HS 8 NW	FHS 9 NW	S 10 ···	9,0	0,1	Tagsüber stürmisch, 22h—5h ●.
21	FHS 10 NW	HS 10 NW	S 10 ···	10,0	···	4½h ●, Nachts ●.
22	S 10 ···	S 10 ···	HS 9 W	9,7	3,7	18h—19h ●, tagsüber $\equiv_1$, Nachts ✱.
23	S 10 ···	S 10 ···	S 10 ···	10,0	1,0	18h—19h ●, Nachts ●, Morgens ≡.
24	S 10 ···	FHS 7 NW	HS 9 ···	8,7	0,7	Morgens $\equiv_1$, 9h < im SW, 10h [K u. ●.
25	FHS 7 W	HS 10 W	S 10 ···	9,0	···	0½h u. 5h—6h ●, Abends $\equiv_1$, ●, tagsüber stürmisch
26	FHS 9 NW	HS 10 NW	S 10 ···	9,7	0,3	Nachts ●.
27	HS 10 W	FHS 9 ···	HS 9 ···	9,3	···	19h ●, Abends stürmisch.
28	HS 10 W	FHS 10 W	FS 9 ···	9,7	···	21h u. 6½h ●.
29	FHS 7 W	S 10 ···	HS 5 NW	7,3	2,8	Morgens △, 0½h—1½h u. 3h—5½h ●, Abends $\equiv_1$, [illegible].
30	H 5 W	FHS 9 SW	··· 0 ···	4,7	···	
31	S 5 ···	FH 7 W	S 10 ···	7,3	···	Morgens $\equiv_1$, ⌴, Abends $\equiv_1$.
Mittel	8,7	9,4	8,8	8,9	Σ 35,1	

b) Autographische Aufzeichnungen.

Luftdruck auf 0° reducirt in Millimetern = 700mm +

Tag	12h	14h	16h	18h	20h	22h	0h	2h	4h	6h	8h	10h	Tagesmittel	Max.	Min.
1	45,8	44,8	43,8	43,1	42,1	41,7	41,1	40,3	39,6	39,2	38,8	38,7	41,69	45,8	38,4
2	38,4	38,1	38,1	39,1	37,6	37,3	37,2	36,7	36,7	36,8	39,1	40,5	37,90	41,4	36,6
3	41,4	40,7	39,9	38,3	36,9	34,0	33,5	32,2	30,8	31,5	32,0	32,9	35,04	41,6	30,3
4	33,8	34,1	34,3	34,9	36,4	37,4	37,9	37,7	37,7	38,1	38,6	38,8	36,64	38,9	33,6
5	38,7	38,4	37,7	37,4	37,6	37,3	36,7	35,8	35,6	35,5	35,7	36,5	36,83	38,7	35,5
6	36,8	35,6	35,5	35,5	35,7	35,8	35,8	35,6	35,5	35,6	36,3	36,5	35,78	36,4	35,3
7	36,2	36,1	36,1	36,1	36,4	37,1	38,1	38,5	38,8	39,5	40,4	41,5	37,90	41,8	36,1
8	41,8	42,1	42,5	43,1	43,8	44,2	44,6	44,3	44,6	45,0	45,6	46,0	43,97	46,2	41,8
9	46,2	46,6	46,9	47,4	47,9	48,4	48,6	49,0	48,8	49,4	49,8	49,6	48,23	49,9	46,2
10	49,8	49,6	49,3	49,1	48,3	48,7	48,0	46,8	46,0	46,8	45,8	45,7	47,83	49,8	45,6
11	45,6	45,6	45,7	45,7	46,5	47,4	48,0	48,1	47,8	48,0	48,4	48,5	47,11	48,5	45,6
12	48,3	48,0	47,4	46,9	46,8	46,1	44,8	43,6	42,2	41,4	40,5	39,4	44,62	48,3	39,3
13	38,5	38,1	37,5	37,2	36,6	36,1	35,1	33,9	33,3	33,1	32,9	32,6	35,41	38,5	32,4
14	32,4	32,5	32,6	32,9	33,9	34,9	35,7	36,5	37,2	38,0	38,9	39,5	35,42	39,6	32,4
15	39,6	39,6	39,6	39,4	39,5	39,3	39,0	38,1	38,2	38,2	38,4	38,6	38,96	39,7	38,2
16	39,0	39,7	40,1	40,7	41,7	42,5	42,5	42,2	41,7	41,8	42,2	42,4	41,27	42,5	39,0
17	42,4	42,5	42,2	42,8	42,8	42,8	42,9	42,4	42,2	42,3	42,5	42,6	42,49	43,0	42,1
18	42,5	42,2	41,4	40,8	41,1	40,7	40,3	39,5	39,0	37,1	36,2	37,4	39,85	42,5	34,8
19	39,1	40,1	41,4	41,9	42,4	41,6	39,8	37,4	35,6	33,6	32,9	33,8	38,31	42,4	32,7
20	33,6	34,1	34,5	35,5	36,9	35,9	38,5	37,3	38,4	40,5	42,7	44,1	37,42	44,8	33,6
21	44,6	45,1	45,4	45,7	46,2	46,0	47,3	46,9	46,8	47,1	47,7	48,0	46,48	48,0	44,6
22	47,9	48,0	48,1	48,2	49,1	49,3	49,4	49,2	49,0	49,1	49,1	48,6	48,75	49,4	47,9
23	47,8	46,6	44,3	43,2	43,1	40,6	40,4	40,5	40,8	41,8	42,4	43,0	42,67	47,8	40,4
24	43,3	43,4	43,7	43,9	44,3	43,9	43,0	41,8	40,5	39,6	38,7	38,6	42,13	44,3	38,5
25	41,2	41,5	41,6	42,0	42,3	42,4	42,5	42,7	42,0	42,3	42,5	42,7	42,10	43,0	41,3
26	43,0	43,0	43,1	43,5	44,1	44,2	44,9	45,7	44,9	44,7	44,4	43,2	44,02	45,2	41,1
27	41,4	39,4	37,1	35,4	36,3	36,7	36,9	36,6	36,8	37,1	37,1	37,0	37,32	41,4	35,3
28	37,2	37,0	36,5	36,4	36,8	36,8	36,1	35,1	34,1	33,2	31,8	30,9	35,19	37,2	29,1
29	29,4	28,2	27,3	26,2	24,9	24,2	23,3	23,6	24,4	27,6	30,0	31,2	26,71	31,7	23,1
30	31,7	32,3	32,6	33,2	34,2	34,2	34,3	34,0	34,1	35,0	36,0	36,9	34,06	37,0	31,7
31	37,0	37,2	37,5	37,1	37,0	36,1	34,8	33,5	32,0	31,1	30,8	30,3	34,66	37,4	30,0
Mittel	40,40	40,35	40,11	40,03	40,30	40,15	39,97	39,30	39,21	39,32	39,62	39,88	39,90	41,66	37,21

Tag	Lufttemperatur nach Celsius														
	12h	14h	16h	18h	20h	22h	0h	2h	4h	6h	8h	10h	Tagesmittel	Max.	Min.
1	5,7	4,7	3,8	3,8	4,4	4,7	5,0	6,0	6,2	6,2	5,9	5,6	5,17	6,2	3,8
2	5,4	5,1	5,4	4,9	4,8	5,6	7,5	8,9	8,9	7,3	5,3	4,7	6,15	8,9	3,7
3	3,7	2,8	1,9	1,3	1,5	3,5	4,6	5,5	6,6	6,4	6,1	5,1	4,08	6,6	1,1
4	4,2	3,5	3,1	2,8	3,1	3,9	5,1	6,4	4,5	3,6	2,6	2,6	3,78	6,4	1,9
5	1,9	1,4	1,0	1,1	1,5	2,5	4,5	6,9	6,7	6,0	5,3	4,7	3,61	6,9	1,0
6	4,2	3,6	2,1	1,4	1,4	2,8	4,6	5,4	5,7	4,1	2,6	2,1	3,33	5,7	1,5
7	2,4	2,6	2,5	2,2	2,4	3,2	4,4	5,0	5,0	5,0	4,1	4,0	3,57	5,0	2,2
8	3,5	2,9	2,7	2,0	2,3	3,6	4,7	5,9	5,3	4,6	3,9	3,2	3,72	5,9	2,0
9	2,9	2,8	2,7	2,5	2,6	3,4	4,3	4,4	4,3	4,0	3,7	3,5	3,41	4,4	2,5
10	2,8	2,5	2,4	2,2	3,2	4,6	6,2	7,0	4,1	4,0	3,9	3,4	3,86	7,0	2,2
11	3,0	2,9	2,8	2,4	2,9	4,2	5,1	5,7	5,4	4,8	4,4	3,2	3,90	5,7	2,4
12	2,8	1,7	1,2	0,2	0,5	2,7	6,3	7,7	7,5	6,9	6,0	5,4	4,08	7,7	0,1
13	4,9	4,7	4,4	4,0	4,1	5,3	6,2	7,2	6,0	6,0	6,0	5,9	5,39	7,2	3,8
14	5,3	5,2	4,5	4,6	4,4	5,0	5,6	6,4	6,4	5,6	5,1	4,7	5,23	6,5	4,4
15	4,6	4,3	3,7	3,1	4,0	5,8	8,2	10,2	10,0	9,3	8,7	8,2	6,68	10,3	3,0
16	6,5	5,2	4,3	3,4	3,8	6,2	8,8	11,0	9,5	9,8	7,7	5,9	6,80	11,0	3,3
17	4,9	4,2	3,7	3,2	4,1	6,1	7,6	8,9	9,5	9,2	8,3	7,4	6,43	9,6	3,2
18	6,3	5,4	5,4	5,7	7,5	11,2	13,1	13,4	12,6	11,2	8,6	7,5	8,99	13,4	5,4
19	7,3	7,4	7,0	6,9	7,1	8,1	9,0	9,4	7,2	7,4	7,6	5,5	7,49	9,4	5,5
20	5,6	5,9	6,2	5,8	5,8	5,8	5,8	6,4	6,8	6,2	6,1	6,0	6,02	6,6	5,4
21	5,4	4,9	4,5	4,0	4,2	5,0	5,8	6,6	6,5	6,3	6,2	6,0	5,45	6,6	3,8
22	5,8	5,5	5,8	4,9	3,7	4,4	5,9	8,1	8,1	7,0	5,9	5,2	5,82	8,1	3,6
23	4,8	4,4	4,4	5,1	5,4	8,6	13,5	14,8	13,9	12,1	10,4	9,8	8,93	14,8	4,3
24	9,2	8,7	8,5	8,2	8,8	10,3	12,9	15,5	14,7	13,6	12,3	11,8	11,21	15,5	8,1
25	9,9	9,4	9,2	9,1	9,3	10,7	11,5	12,0	9,4	8,9	8,8	8,6	9,73	12,0	8,4
26	8,4	8,2	7,9	7,8	8,0	8,6	9,7	10,3	10,4	10,0	8,8	8,8	8,91	10,4	7,7
27	9,0	9,3	9,5	9,7	9,9	12,1	12,5	12,8	12,4	11,0	10,1	9,5	10,65	12,8	9,0
28	9,1	8,8	8,5	8,3	8,3	8,7	9,1	10,3	9,3	8,9	8,3	8,0	8,80	10,3	8,0
29	8,0	7,8	7,9	8,5	13,1	14,0	14,2	12,8	9,5	7,4	6,8	6,4	9,70	14,2	6,1
30	6,1	5,1	4,8	4,0	4,6	5,8	7,6	9,0	8,5	7,5	6,5	5,2	6,23	9,0	4,0
31	4,7	4,2	2,8	1,6	2,5	5,4	9,3	12,0	10,4	10,4	10,2	9,8	6,94	12,0	1,5
M.M.	5,43	5,01	4,65	4,35	4,90	6,18	7,70	8,77	8,10	7,43	6,65	6,05	6,26	8,91	3,96

Tag	Richtung (R), Geschwindigkeit (G) des Windes in 1 Secunde in Metern.												Tagesmittel
	12h	14h	16h	18h	20h	22h	0h	2h	4h	6h	8h	10h	
	R G	R G	R G	R G	R G	R G	R G	R G	R G	R G	R G	R G	G
1	ENE 0,9	NE 0,4	NE 1,1	NNE 0,7	ESE 1,4	ENE 1,9	NNW 1,0	NNW 1,0	SW 0,8	SW 1,6	SSW 0,4	SSW 0,8	1,0
2	SSW 1,0	WSW 1,5	SSW 1,7	S 0,7	NNW 0,6	ENE 0,9	NNW 0,8	ENE 1,5	NE 2,0	NNW 2,7	WNW 4,3	WNW 4,5	1,9
3	WNW 4,5	WSW 3,2	WSW 3,7	SSW 2,9	SSE 2,6	SSE 2,8	S 3,5	S 2,6	SSW 2,2	WSW 2,5	WSW 5,7	WSW 4,7	3,4
4	W 3,8	WSW 2,2	SSW 1,6	WSW 3,0	W 3,0	WSW 2,3	WNW 4,0	WNW 4,2	WNW 3,2	WNW 3,5	SSW 3,5	SW 2,8	3,1
5	SSW 3,8	S 1,0	S 1,5	SSW 1,7	S 2,0	SSW 2,2	SSW 1,7	S 1,7	S 0,8	ESE 0,6	WNW 1,2	WSW 0,1	1,5
6	NE 0,2	NNW 0,3	NNW 0,8	NNW 0,8	NNW 0,9	NNW 1,4	NE 1,3	NW 1,0	W 1,0	WSW 2,8	WNW 3,9	WNW 2,0	1,2
7	WNW 1,7	WNW 1,9	WNW 1,9	WNW 1,8	WNW 1,8	W 1,9	W 2,2	NW 1,1	NNW 1,0	N 0,3	NNW 0,8	N 0,6	1,4
8	SSW 0,4	S 0,4	NW 1,1	WSW 1,2	W 1,7	W 3,4	WNW 2,6	WNW 2,5	WNW 1,4	W 2,2	W 3,2	W 2,2	1,8
9	W 2,6	W 1,8	WSW 1,7	WSW 1,4	WSW 2,0	W 2,7	WSW 1,9	NNE 1,4	N 1,4	SSW 1,0	SSW 1,7	SSW 0,9	1,7
10	S 0,4	S 0,5	SW 0,7	SW 0,7	SSW 1,2	SW 2,2	WSW 1,8	WSW 1,5	SSW 2,4	SSW 2,2	S 1,0	SSW 1,2	1,3
11	S 1,0	SSW 1,6	SSW 2,4	S 1,7	WNW 2,6	WNW 4,0	WNW 4,4	WNW 4,5	WNW 2,6	WNW 1,9	WNW 1,0	NNW 1,0	2,4
12	WNW 0,4	NNE 0,7	SSW 0,8	S 0,6	S 1,1	SSE 1,8	ESE 1,8	S 1,5	SSE 1,8	ESE 1,7	NNE 0,9	S 2,0	1,3
13	SSW 1,1	SSW 1,4	S 1,4	SSW 0,8	S 0,4	ESE 1,3	ENE 2,2	ENE 2,2	ENE 3,8	ENE 1,9	E 2,4	E 2,2	1,8
14	E 3,9	ENE 3,0	ENE 3,7	E 3,6	ENE 4,2	ENE 3,4	ENE 3,0	ENE 2,0	NNW 1,6	NNW 1,2	NNW 1,9	NNW 1,3	2,7
15	··· 0,0	NNW 0,4	SE 0,9	SSE 0,6	SSE 1,4	SSE 2,5	ESE 2,8	E 2,5	ESE 2,9	SE 2,3	ESE 2,8	ESE 1,5	1,7
16	SE 0,1	SSW 0,7	S 0,4	SSW 0,3	SSW 2,1	SSW 1,8	SSW 1,1	ESE 1,2	NE 1,5	ENE 0,7	ESE 0,1	SSW 0,1	0,6
17	SSE 0,1	SSE 0,1	ENE 0,7	SSW 0,5	SSW 0,2	SSE 1,1	S 1,9	SSW 1,6	E 1,3	ESE 1,8	ENE 0,5	NNE 0,5	0,9
18	NNE 0,4	NNW 0,7	N 0,6	SSW 3,2	SSW 3,7	WSW 4,3	WSW 5,2	W 1,8	WSW 4,5	SSW 2,5	WNW 5,9	WNW 7,7	3,4
19	W 4,2	W 7,2	WNW 0,2	WNW 7,1	WNW 4,4	WNW 5,7	WNW 5,8	WSW 5,8	WSW 5,2	SW 3,9	W 6,7	W 6,5	4,7
20	W 8,0	WNW 6,0	NW 5,7	WNW 4,8	WNW 6,7	WNW 7,5	WNW 8,5	WNW 6,9	WNW 5,3	N 4,4	NNW 2,5	WNW 2,7	4,7
21	WNW 1,4	SW 0,8	NNW 2,1	WNW 1,7	WNW 2,4	WNW 3,2	WNW 3,7	WNW 4,0	N 1,8	NNW 0,7	WNW 1,0	SSW 0,7	2,0
22	ENE 1,2	E 0,9	ENE 1,0	E 0,7	NE 0,9	ENE 1,0	ENE 0,9	ENE 1,3	E 2,8	ESE 1,3	ENE 1,2	ENE 1,1	1,3
23	ENE 1,3	ENE 0,7	ESE 0,2	SSW 1,7	SE 2,8	WSW 1,3	WNW 6,0	WNW 4,8	WNW 2,3	NW 1,2	W 2,5	W 1,4	2,1
24	WSW 1,2	W 2,9	W 1,6	W 1,8	SW 2,0	SW 2,5	SSW 2,7	SW 2,6	WSW 2,5	S 2,4	SW 4,0	WNW 4,3	2,5
25	WNW 2,7	WNW 2,9	WNW 3,1	WNW 4,8	WNW 5,7	WNW 7,0	WNW 5,1	WNW 5,0	WNW 6,9	W 5,1	WNW 5,1	WNW 4,8	4,9
26	W 4,3	W 5,0	WSW 3,7	W 3,6	WNW 5,4	WSW 7,2	WSW 4,8	WNW 2,7	W 2,6	W 0,4	SSW 1,3	SSW 1,7	3,6
27	SSW 1,4	SSW 4,1	SSW 2,6	WSW 2,2	W 3,9	WNW 3,8	WNW 5,1	WNW 8,5	WNW 6,7	WNW 5,2	WNW 5,9	WNW 5,8	4,7
28	WNW 6,0	WNW 4,6	WNW 4,9	WNW 6,0	WNW 7,8	NW 4,4	NW 3,5	WNW 4,0	W 3,2	SW 2,6	SSW 2,7	··· 0,0	4,1
29	S 0,7	··· 0,0	SE 1,5	S 0,5	WSW 3,3	W 4,0	SW 4,5	W 6,4	WSW 4,2	W 4,2	W 4,7	W 5,6	3,3
30	WSW 4,1	WSW 3,3	SW 3,0	WSW 2,5	W 2,7	WNW 4,2	WNW 4,0	WNW 3,0	WNW 3,3	WNW 2,3	WNW 2,3	WNW 0,6	2,9
31	NNE 0,7	SSW 0,9	S 0,9	S 0,8	SSE 1,9	SSW 2,7	S 3,0	SW 3,2	SSW 2,8	S 0,4	WNW 0,8	SSW 0,8	1,6
M.M.	2,05	1,97	2,08	2,08	2,60	3,10	3,27	3,06	2,78	2,19	2,53	2,53	2,51

a) Directe Ablesungen.

Tag	Luftdruck auf 0° reducirt in Millim. = 700mm + 7h	2h	9h	Tagesmittel	Lufttemperatur nach Celsius 7h	2h	9h	Tagesmittel
1	27,5	25,6	28,0	26,97	7,2	15,2	12,2	11,54
2	28,4	26,3	28,8	27,83	8,4	9,7	3,8	7,30
3	37,0	36,8	38,3	36,04	2,4	5,2	2,8	3,47
4	31,2	29,5	30,8	30,15	0,5	9,2	5,6	5,10
5	40,5	40,4	42,9	39,94	3,5	7,3	3,1	4,63
6	42,3	39,9	39,6	40,61	1,7	6,2	5,8	4,57
7	41,0	41,3	42,1	41,47	2,9	6,8	5,9	5,17
8	43,9	43,5	44,9	44,04	2,5	12,0	9,0	7,83
9	47,1	46,9	47,8	47,26	3,9	12,6	8,0	8,17
10	47,6	45,2	44,8	45,76	3,0	11,1	8,4	7,50
11	43,8	42,6	43,2	43,22	5,9	14,3	9,3	9,83
12	43,1	41,5	40,9	41,78	8,1	9,5	6,8	8,13
13	41,6	42,8	44,0	42,74	5,7	9,4	8,9	8,00
14	46,0	45,4	46,5	45,98	7,8	15,1	10,6	10,80
15	46,0	48,6	52,3	48,96	11,2	6,8	7,0	8,33
16	53,6	53,7	52,9	53,46	7,0	9,2	7,5	7,90
17	53,2	48,9	47,1	49,39	4,5	14,6	10,4	9,83
18	41,9	37,9	40,4	40,04	9,3	14,0	7,9	10,33
19	41,8	40,2	38,6	40,25	4,5	10,6	7,5	7,63
20	35,9	32,3	32,4	33,55	4,6	18,5	9,3	9,80
21	37,7	41,9	43,6	41,07	7,9	10,7	7,5	8,70
22	43,3	41,9	42,7	42,64	6,8	9,8	7,1	7,90
23	42,8	43,6	44,0	43,46	4,0	7,4	4,5	5,30
24	42,7	39,1	38,3	40,05	1,9	9,5	5,6	5,67
25	39,5	41,2	43,9	41,20	6,4	10,2	9,8	8,93
26	45,2	45,0	46,3	45,51	9,2	17,2	12,9	14,10
27	47,5	46,7	47,3	47,15	10,6	19,0	14,9	14,93
28	48,3	47,3	46,9	47,52	12,5	20,6	16,8	16,57
29	48,6	47,4	47,4	47,79	12,0	22,3	16,3	16,87
30	40,4	43,3	40,4	43,35	12,6	21,8	17,0	17,47
Mittel	42,11	41,43	42,10	41,88	6,89	11,96	8,74	9,05

Tag	Dunstdruck in Millimetern 7h	2h	9h	Tagesmittel	Relative Feuchtigkeit 7h	2h	9h	Tagesmittel	Richtung und Stärke des Windes (Scala: 0—10) 7h		2h		9h	
1	6,0	6,1	6,3	6,1	79	40	40	62	S	2	SSW	6	SW	4
2	6,4	4,7	4,6	5,3	78	32	67	66	SW	1	SW	5	WSW	1
3	3,9	3,2	3,7	3,6	72	48	66	62	WNW	3	NW	1	NW	2
4	3,7	3,7	4,9	4,1	78	42	72	64	ENE	2	E	4	NE	3
5	4,8	3,5	3,8	4,0	78	36	65	63	NW	2	WNW	1	NNW	2
6	4,1	3,6	3,9	3,9	80	50	57	62	S	1	W	1	ENE	1
7	4,4	4,6	4,6	4,5	78	76	82	79	ENE	2	W	1	E	1
8	4,9	4,9	5,7	5,2	89	47	67	68	NW	1	SE	2	ENE	1
9	4,5	3,1	4,3	3,9	70	29	65	51	···	0	SE	1	NW	1
10	4,7	4,7	5,8	5,1	83	47	70	67	···	0	W	2	···	0
11	5,1	3,2	5,8	4,7	74	27	66	56	SSW	2	NNE	4	NW	3
12	6,3	6,4	6,6	6,4	78	71	90	80	WNW	1	ENE	4	NNW	1
13	6,2	6,3	7,1	6,5	91	71	81	82	NW	1	ESE	1	E	1
14	7,0	8,5	8,2	7,9	89	76	87	84	SW	2	SSW	1	SSW	1
15	8,6	7,2	6,0	7,3	86	98	79	88	SSW	2	N	3	WNW	1
16	5,8	5,2	5,9	5,6	77	60	77	71	NW	1	ESE	3	SSW	1
17	5,4	4,7	6,0	5,4	86	39	64	63	S	1	WSW	2	SW	3
18	6,3	6,5	5,3	6,0	70	53	65	63	SSW	2	W	7	W	5
19	4,9	3,3	5,2	4,5	78	34	68	60	W	4	WNW	6	SSW	4
20	5,4	4,7	7,3	5,8	74	31	84	66	S	2	WSW	3	SW	3
21	6,4	4,5	6,9	5,6	81	47	76	68	NW	3	NNW	3	SW	1
22	6,0	6,7	6,0	6,2	81	74	80	78	S	1	NNW	2	N	3
23	4,8	3,7	4,4	4,3	78	48	70	65	NNW	3	N	2	W	1
24	4,3	4,2	5,6	4,7	82	47	83	71	NE	2	NE	1	NE	4
25	6,0	6,7	6,9	6,5	84	72	76	77	E	2	NNE	1	E	1
26	7,4	7,6	8,1	7,7	86	62	74	71	ESE	1	SE	4	ESE	2
27	7,7	7,8	8,2	7,9	81	48	65	65	E	3	SE	2	SSE	2
28	7,3	8,2	9,5	8,4	69	45	67	60	SE	2	···	0	WSW	2
29	8,5	10,0	10,0	9,6	86	50	72	69	SE	1	SW	5	WSW	3
30	9,5	8,8	9,5	9,3	87	45	66	64	ESE	1	S	3	SSW	2
Mittel	5,9	5,6	6,2	5,9	80	51	72	68		1,7		1,9		2,0

Tag	Bewölkung (Scala: 0 = heiter, 10 = trüb) und Wolkenzug 7h	2h	9h	Tagesmittel	Niederschlag in Millimetern	Bemerkungen
1	FHS 10 NW	FHS 10 —	S 10 —	10,0	—	Morgens m, 8h ●
2	FHS 7 SW	HS 10 W	S 10 —	9,0	—	Zeitweilig stürmisch
3	HS 8 NW	HS 7 —	— 0 —	5,0	—	
4	FS 9 NW	HS 10 —	S 10 —	9,7	—	Morgens m, ... 6h—9h ◌
5	FHS 9 —	FHS 8 W	HS 3 —	6,7	—	
6	HS 10 —	HS 10 W	S 10 —	10,0	0,2	Morgens m, 19½h—21h [illegible]
7	S 10 —	S 10 —	HS 10 —	10,0	0,7	Morgens m, 19h ●tropfen, 18h—2h ●. Abends m, Nachts ●.
8	S 10 —	H 5 SE	FHS 7 —	7,3	—	Morgens m.
9	F 5 —	FH 1 N	— 0 —	2,0	—	Morgens m, Abends Dunst.
10	HS 8 NE	HS 4 NW	H 8 —	6,7	—	Morgens m.
11	FHS 9 —	FH 4 N	FS 1 —	4,7	—	Morgens m.
12	HS 9 —	HS 10	S 10 —	9,7	0,2	19½h—20h u. 5h bis Nachts ●
13	HS 10 NW	S 10 —	HS 10 W	10,0	—	
14	FHS 10 NW	S 10 —	FS 4 —	8,0	0,3	Morgens m, ... 20h—2h ● mit Unterbrechungen.
15	S 10 —	S 10 N	S 9 —	9,7	4,2	Morgens m, 21½h—4h ●. Abends m.
16	S 10 —	S 10 —	S 10 —	10,0	—	Abends m.
17	— 0 —	HS 7 W	FS 8 —	5,0	—	Morgens m.
18	S 10 —	S 10 —	S 9 —	9,7	1,1	7h ●tropfen, 21h—5h ●. Nachmittags stürmisch.
19	FHS 5 W	FHS 9 W	S 10 —	8,0	—	18½h ●. 19½h △ u. ● 4h ●. Nachmittags sehr stürmisch
20	FHS 9 W	S 10 —	S 10 —	9,7	1,8	2h—6h ●
21	S 10 —	HS 9 —	S 4 —	7,7	0,2	20½h—22h ●. Abends m.
22	S 10 —	S 10 —	S 10 —	10,0	4,2	Morgens m, 22h—9h ●. Abends m.
23	HS 4 N	FH 6 NW	— 0 —	3,3	—	20½h △.
24	FHS 8 E	S 10 —	S 10 —	9,3	1,7	Morgens ... 6h—8h ◌
25	S 10 —	S 10 —	S 10 —	10,0	—	Morgens m, Abends m.
26	S 10 —	FH 7 S	S 1 —	6,0	—	Morgens m.
27	F 1 SE	FH 6 S	FH 6 —	4,3	—	
28	S 3 —	H 1 —	S 10 —	4,7	—	Morgens m, 4h—9h ◌.
29	FS 5 —	FHS 10 NW	HS 9 —	8,0	—	Morgens m.
30	FH 9 —	FHS 8 SW	S 2 —	6,3	—	Morgens m, Abends m, u. bis Mitternacht [illegible] in SW, W u. NW
Mittel	7,9	8,1	7,0	7,7	S. 18,6	

b) Autographische Aufzeichnungen

Luftdruck auf 0° reducirt in Millimetern = 700mm +

Tag	12h	14h	16h	18h	20h	22h	0h	2h	4h	6h	8h	10h	Tagesmittel	Max.	Min.
1	29,8	29,0	28,7	27,7	26,9	25,7	24,4	23,6	23,3	22,5	24,1	24,4	25,85	29,6	22,5
2	23,7	23,2	23,2	23,3	23,5	24,1	25,1	26,3	27,7	30,0	32,8	34,6	26,45	35,4	23,0
3	35,4	36,1	36,6	36,8	37,1	37,1	36,8	35,8	35,1	35,5	33,4	35,0	36,07	37,2	34,3
4	34,3	33,5	32,2	31,4	31,0	30,1	29,1	29,5	29,6	29,2	30,1	31,1	30,78	34,3	28,5
5	32,1	32,0	33,8	35,4	37,4	38,6	39,8	40,4	41,1	41,5	42,5	43,2	38,24	43,5	32,1
6	43,2	43,0*	42,5	42,4	42,3	41,9	40,9	39,9	39,1	38,9	39,5	39,7	41,11	43,2	38,7
7	40,0	40,1	40,3	40,6	40,7	41,0	41,2	41,3	41,2	41,4	41,8	42,3	40,99	42,4	40,0
8	42,4	42,3	42,7	43,1	43,9	43,9	43,7	43,5	43,1	43,7	44,3	45,1	43,62	45,7	42,4
9	45,7	46,2	46,2	46,8	47,4	47,9	47,7	46,9	46,7	46,9	47,4	48,0	47,00	48,3	45,7
10	48,2	48,0	47,1	47,6	47,6	47,1	46,3	45,2	44,1	44,0	44,4	44,3	46,21	48,2	44,0
11	44,5	43,9	43,6	43,7	43,8	43,6	43,2	42,8	42,2	42,1	43,2	43,3	43,33	44,5	42,1
12	43,4	43,1	43,1	43,1	43,0	42,7	41,9	41,5	41,2	41,1	41,0	40,6	42,14	43,4	40,5
13	40,5	40,3	40,5	40,9	41,7	42,4	42,6	42,8	42,8	43,2	43,7	43,9	42,11	43,9	40,2
14	43,8	43,7	44,0	44,6	45,0	45,1	45,7	45,4	45,4	45,0	45,3	45,1	44,79	45,6	43,7
15	45,4	45,4	46,4	45,8	46,4	46,6	47,0	48,6	49,4	50,7	51,6	52,5	47,90	52,9	45,3
16	52,8	52,9	53,1	52,8	52,8	51,2	53,0	53,7	53,1	52,7	52,7	53,0	52,93	54,2	52,4
17	54,0	52,6	52,4	52,2	52,1	51,3	50,1	49,9	49,2	47,7	47,5	46,8	50,23	53,1	46,0
18	46,1	44,9	43,3	42,2	41,3	40,0	38,8	37,9	37,9	39,6	39,8	41,1	41,99	46,1	37,6
19	41,9	41,5	41,4	41,7	42,4	42,3	41,9	40,3	39,5	38,8	38,6	38,5	40,74	42,5	38,4
20	38,5	37,8	37,0	36,2	34,6	33,7	34,2	32,3	32,4	32,0	32,3	32,8	34,40	39,5	32,0
21	33,9	34,7	35,4	36,7	38,6	40,8	41,8	41,9	42,1	42,5	43,2	43,7	39,61	43,7	33,9
22	43,7	43,7	43,5	43,3	43,1	42,5	42,3	41,9	41,8	42,0	42,3	42,5	42,72	43,7	41,6
23	42,5	42,4	42,5	42,6	43,0	43,9	44,1	44,6	43,2	43,2	44,7	43,9	43,22	43,9	42,4
24	43,8	43,3	42,9	42,7	42,7	41,8	40,8	39,1	39,4	39,3	38,4	38,1	40,83	43,8	38,1
25	37,4	36,7	37,0	38,1	38,9	39,9	40,6	41,2	41,0	42,1	43,1	44,2	40,11	44,2	36,7
26	44,6	44,8	44,6	45,0	45,4	45,6	45,3	45,0	44,9	45,1	45,9	46,0	45,23	46,8	44,5
27	46,8	46,6	46,8	47,3	47,5	47,4	47,3	46,7	46,0	46,4	46,9	47,3	46,90	47,7	45,9
28	47,6	47,6	47,6	48,1	48,4	48,4	48,1	47,3	46,5	46,6	47,3	47,4	47,58	48,5	46,2
29	47,6	47,7	47,5	48,2	48,7	48,4	48,0	47,4	47,1	47,4	47,1	47,6	47,76	48,7	47,0
30	47,4	47,1	46,7	46,4	46,4	45,7	44,8	43,3	41,9	40,9	40,5	40,1	44,27	47,1	39,8
Mittel	41,99	41,84	41,71	41,94	42,15	42,13	41,95	41,53	41,22	41,37	41,98	42,20	41,90	44,39	39,85

Tag	Lufttemperatur nach Celsius														
	12h	14h	16h	18h	20h	22h	0h	2h	4h	6h	8h	10h	Tagesmittel	Max.	Min.
1	9,6	9,4	8,2	7,3	7,9	11,0	12,6	15,2	14,6	13,8	12,8	12,0	11,20	15,2	7,2
2	11,3	10,1	9,0	8,5	8,5	10,1	10,2	9,7	7,6	5,7	4,7	3,5	8,24	10,2	3,5
3	3,5	3,1	2,6	2,5	2,9	3,6	4,4	5,2	5,9	4,6	3,4	2,3	3,67	5,9	2,1
4	2,1	1,4	1,0	0,6	1,3	3,8	6,8	9,2	8,3	7,3	6,2	5,0	4,42	9,2	0,5
5	4,7	3,9	3,9	3,7	4,0	5,6	6,3	7,2	6,5	5,7	3,9	2,9	4,86	7,2	2,7
6	2,7	2,4	1,9	1,7	2,2	3,2	4,7	6,2	6,6	6,5	6,0	5,7	4,15	6,6	1,7
7	4,7	3,7	3,2	2,9	3,1	4,6	5,4	6,8	7,0	6,6	6,1	5,7	4,98	7,0	2,9
8	4,3	3,3	2,9	2,5	3,2	7,5	10,5	12,0	11,5	10,8	9,6	8,1	7,18	12,0	2,5
9	6,9	5,8	4,7	4,2	4,7	8,1	10,8	12,6	9,4	9,3	9,0	7,0	7,73	12,6	3,9
10	5,7	4,5	3,8	3,1	3,5	7,6	9,5	11,1	10,5	9,7	9,0	7,7	7,14	11,1	3,0
11	6,9	6,0	5,5	5,5	7,8	11,2	12,9	14,3	13,2	11,8	10,2	8,7	9,30	14,3	5,5
12	7,5	7,5	7,6	7,8	8,7	9,3	9,6	9,5	8,7	7,9	6,8	6,6	8,13	9,6	6,0
13	6,0	5,9	5,8	5,6	6,2	7,2	8,8	9,4	9,6	9,1	9,2	8,6	7,64	9,6	5,6
14	8,3	8,3	7,6	7,4	8,4	10,7	12,5	13,1	12,8	12,5	11,5	10,1	10,27	13,1	7,4
15	10,4	10,6	10,5	10,8	11,6	12,3	11,7	6,8	7,0	7,0	7,0	7,1	9,40	12,5	6,8
16	7,1	6,8	6,8	6,7	7,5	8,1	8,7	9,2	9,0	8,5	7,9	7,1	7,78	9,2	6,6
17	6,6	5,9	4,9	4,4	5,8	10,9	13,2	14,6	13,5	12,3	11,1	10,3	9,46	14,6	4,4
18	10,0	9,7	9,6	9,7	10,4	11,9	12,9	14,0	9,2	8,2	8,1	7,3	10,12	14,0	6,6
19	6,6	5,7	4,9	4,6	4,9	6,3	8,3	10,6	9,9	9,1	8,3	7,2	7,20	10,6	4,5
20	7,2	7,1	6,6	6,5	8,0	10,8	12,6	13,5	12,5	11,5	10,3	9,2	9,65	13,5	6,5
21	9,1	8,3	7,9	7,6	7,1	8,0	8,7	10,7	8,9	8,8	8,1	7,1	8,36	10,7	6,3
22	6,3	6,1	6,3	6,6	7,7	9,7	9,8	9,8	9,5	8,3	7,8	6,9	7,90	9,8	6,0
23	6,0	5,2	4,5	4,2	4,5	5,4	6,1	7,4	6,9	6,4	5,2	4,4	5,53	7,4	4,0
24	4,2	3,3	2,7	2,0	2,6	6,3	7,9	9,5	9,1	8,0	6,1	5,7	5,62	9,5	1,9
25	5,8	6,0	6,2	6,7	7,0	8,7	9,6	10,2	10,1	10,1	9,9	9,8	8,34	10,2	6,8
26	9,7	9,7	9,3	8,7	11,0	13,5	15,4	17,2	16,4	15,2	13,7	12,5	12,60	17,2	8,7
27	11,6	10,3	9,3	9,0	12,3	15,9	17,6	19,0	15,2	15,2	15,1	14,8	13,78	19,0	9,0
28	13,8	13,2	12,7	12,1	13,8	16,9	19,0	20,6	20,0	19,0	17,4	16,6	16,26	20,6	12,1
29	15,6	14,2	12,9	12,0	13,9	17,9	20,7	22,3	20,2	19,5	17,7	16,1	16,98	22,3	12,0
30	15,3	14,4	13,6	13,0	16,3	19,0	20,6	21,8	17,4	17,4	17,1	16,2	16,84	21,8	13,0
M.M.	7,65	7,06	6,55	6,26	7,23	9,51	10,93	11,96	10,92	10,29	9,31	8,41	8,83	12,22	5,62

Tag	Richtung (R), Geschwindigkeit (G) des Windes in 1 Secunde in Metern.												Tagesmittel
	12h R G	14h R G	16h R G	18h R G	20h R G	22h R G	0h R G	2h R G	4h R G	6h R G	8h R G	10h R G	G
1	SSW 2,0	W 3,5	WSW 2,8	WSW 2,1	SSW 2,4	SSW 5,2	SSW 5,1	SW 5,4	SSW 1,7	SSW 2,6	WSW 4,5	WSW 2,9	3,4
2	SW 2,3	SSW 1,8	SSW 2,8	SSW 1,7	S 1,2	WSW 5,6	WSW 5,5	WSW 7,0	WNW 5,5	WNW 4,9	WNW 3,2	NW 3,3	3,7
3	WNW 4,9	WNW 4,3	WNW 2,8	WNW 3,3	WNW 2,8	WNW 4,3	WNW 4,5	WNW 4,4	W 3,7	WNW 1,6	WNW 0,9	SSW 0,6	3,2
4	SSE 1,1	S 0,2	SSE 0,6	ESE 0,7	ENE 2,0	ENE 3,0	ESE 2,9	ESE 3,3	ENE 5,0	E 3,9	ENE 3,8	ENE 2,4	2,4
5	NNE 1,4	E 1,2	WNW 1,1	NNW 2,0	NNW 4,6	NNW 3,2	NNE 3,1	N 3,5	N 3,0	WNW 2,5	N 2,0	NNW 1,1	2,4
6	N 0,6	— 0,4	— 0,5	— 0,6	SW 1,2	NNW 0,7	NE 0,5	SE 1,6	WSW 0,8	E 2,1	NE 1,2	ENE 1,7	1,0
7	ENE 1,6	E 1,6	ENE 0,7	E 1,6	ENE 1,7	ESE 1,5	SE 1,6	WSW 1,4	NNW 0,4	NE 1,4	E 1,0	W 0,4	1,2
8	WSW 0,3	WSW 0,5	NW 0,4	NNW 0,9	NNW 0,8	WSW 0,9	ENE 2,6	E 2,0	E 0,9	NNE 1,5	NNE 0,8	SE 1,1	1,1
9	E 0,4	ENE 0,6	N 0,7	N 0,4	WSW 0,4	SE 1,0	ENE 1,6	SSW 1,6	N 3,3	ENE 3,4	NNE 1,2	NNW 0,9	1,3
10	NNE 0,7	WSW 0,6	WSW 0,9	SW 1,2	WSW 0,5	NNW 1,5	NE 0,8	NNW 1,2	NNW 1,2	ENE 1,0	S 0,4	SW 1,2	0,9
11	SW 1,0	SW 0,6	SW 0,9	SSW 1,5	WNW 0,7	N 2,8	NNE 4,2	NNE 3,0	NNE 3,4	NNE 3,2	N 2,7	NW 1,7	2,2
12	N 1,2	WNW 2,6	NW 2,3	NNW 2,2	NNW 3,0	N 3,4	N 3,4	N 4,9	NNE 3,9	N 1,8	N 2,0	N 1,4	2,7
13	N 1,0	NNE 0,6	NNW 0,7	NNW 0,7	S 0,8	SSW 1,9	SW 0,8	SE 1,8	ENE 2,2	ESE 1,0	ENE 0,7	S 0,2	1,0
14	S 0,4	S 0,2	E 0,5	SE 0,9	S 2,4	SW 1,6	SW 0,7	SW 0,8	S 1,2	S 1,1	SSW 2,2	SSW 2,7	1,3
15	SSW 2,6	S 1,4	S 1,1	SSW 2,0	SSW 2,6	SSW 1,2	NNW 3,3	N 4,0	N 3,0	N 1,7	NNW 1,2	WNW 1,3	2,1
16	NNW 0,8	NNW 0,7	N 1,0	NNW 1,6	N 1,4	N 2,0	ESE 2,1	ESE 2,3	SE 1,5	ESE 1,4	SSW 1,7	SSW 1,2	1,5
17	SSW 0,7	SSW 0,6	SSW 2,0	SSW 1,1	SSW 2,5	SW 4,5	SSW 4,5	SSW 4,2	SSW 5,5	WSW 3,9	WSW 2,0	WSW 1,8	2,8
18	SW 2,5	SW 2,5	SSW 2,4	SSW 2,6	SSW 3,0	WSW 6,5	WSW 9,5	WSW 8,7	W 1,0	WNW 4,8	WSW 3,9	WSW 4,0	4,5
19	WSW 4,3	WSW 3,0	WSW 3,3	WNW 5,1	WNW 4,2	WNW 5,0	W 3,6	WNW 5,4	W 1,0	SW 2,6	W 3,8	W 3,3	4,0
20	WNW 1,8	SW 1,6	SSW 2,0	SSW 2,2	S 3,3	SSE 2,7	S 2,8	S 3,2	SW 2,7	S 1,3	WSW 3,2	WSW 3,4	2,5
21	WSW 3,7	W 4,1	W 4,0	WSW 3,2	N 4,8	N 3,4	NNW 2,1	NNW 3,0	NNW 2,7	NNW 1,2	NNW 0,5	SSW 0,7	2,7
22	SSW 1,3	SSW 2,0	S 1,0	S 0,7	SSW 1,0	SSW 1,7	NNW 1,3	NNW 1,7	NNE 2,0	NNE 1,3	NNW 1,5	N 1,7	1,5
23	NNW 1,7	N 2,0	NW 1,7	NNW 1,9	NNE 3,1	NNE 4,2	NNE 3,7	NNE 1,9	NNE 4,5	NNE 2,9	NNE 1,0	NNW 0,3	2,4
24	NNW 0,8	NNW 0,6	N 0,7	ENE 1,0	ENE 2,0	ESE 4,6	E 3,8	E 4,1	E 4,4	E 4,5	E 3,7	ENE 3,2	2,8
25	ENE 2,2	ENE 2,1	ENE 1,6	NE 1,1	SE 1,1	N 0,6	NE 0,7	NNE 1,5	E 1,9	ESE 1,0	ESE 0,7	E 0,3	1,2
26	E 0,7	ENE 0,6	NE 0,7	ESE 1,1	ESE 2,0	E 2,8	ESE 3,5	E 3,6	SE 4,3	SE 2,6	SSE 1,7	SE 2,9	2,2
27	ESE 2,0	ESE 3,3	ESE 2,5	ESE 1,4	E 3,1	ESE 3,7	SE 4,8	SE 4,0	SE 5,2	SSE 2,1	S 2,0	SSE 3,6	3,2
28	SSE 1,3	SSE 1,7	ESE 0,8	SE 1,2	SSW 0,7	ESE 1,4	ESE 1,3	S 1,1	SSW 1,4	S 4,6	SW 3,7	SSW 1,8	1,7
29	SW 0,4	SW 1,0	SSW 1,8	SSW 1,5	S 0,9	SW 1,1	SW 2,1	SW 4,7	W 2,7	WNW 1,6	WNW 2,0	W 1,3	1,8
30	SSW 1,4	SSW [illegible]	SSW 0,9	SSW 1,0	SSW 1,1	SSW 1,7	S 2,0	SSE 3,0	S 1,3	SSE 1,9	S 0,8	SSE 1,7	1,5
M.M.	1,57	1,56	1,51	1,63	2,01	2,26	2,96	3,32	2,91	2,42	1,99	1,77	2,29

a. Directe Ablesungen.

Tag	Luftdruck auf 0° reducirt in Millim. = 700mm + 7h	2h	9h	Tagesmittel	Lufttemperatur nach Celsius 7h	2h	9h	Tagesmittel
	mm	mm	mm	mm	°	°	°	°
1	39,1	37,3	38,1	38,16	13,8	19,6	12,8	14,33
2	40,8	42,9	44,1	42,58	8,5	8,5	7,7	8,23
3	45,4	44,2	43,5	44,36	6,7	13,4	10,7	9,93
4	43,2	41,5	45,1	43,27	6,6	18,2	7,6	10,80
5	45,3	44,5	47,9	44,73	4,0	7,1	8,2	6,87
6	41,5	42,0	44,5	42,56	8,2	12,4	8,4	9,70
7	46,2	47,1	46,2	47,14	7,1	10,2	8,4	8,57
8	48,8	49,6	49,4	49,00	7,8	12,5	10,1	10,03
9	46,6	42,8	42,7	44,03	7,5	16,1	7,5	10,37
10	45,4	43,8	40,5	43,21	6,8	9,9	7,3	7,93
11	33,9	33,1	36,2	35,09	7,7	7,4	5,8	6,97
12	40,7	40,9	43,5	41,37	4,6	9,4	8,0	7,33
13	45,3	45,4	45,1	45,25	5,4	10,8	7,5	7,90
14	46,7	47,2	48,2	47,35	4,9	6,9	6,7	6,17
15	47,0	44,8	44,7	45,51	7,1	7,5	8,1	7,57
16	43,2	43,3	42,7	43,06	10,0	15,7	16,0	13,90
17	42,5	40,8	41,6	41,63	13,9	19,8	13,6	15,77
18	42,3	41,4	41,1	41,59	13,0	20,2	17,2	16,80
19	41,1	40,7	41,7	41,16	16,6	21,5	18,3	18,13
20	41,4	40,6	40,8	40,92	15,6	19,1	15,1	16,80
21	40,3	39,4	38,6	39,45	13,2	18,4	15,6	15,07
22	36,7	33,7	33,3	34,57	13,2	20,3	15,5	16,33
23	32,0	32,3	33,5	32,62	12,5	12,8	13,1	12,80
24	34,5	34,8	36,2	35,11	14,4	19,8	13,8	16,00
25	37,5	38,7	38,5	38,91	11,8	17,6	15,2	14,87
26	38,0	35,1	38,5	35,55	12,9	19,5	16,5	16,40
27	34,4	32,2	30,7	32,43	14,4	17,8	16,3	16,17
28	29,7	31,3	36,0	33,00	15,7	19,8	14,6	16,70
29	43,5	44,4	47,2	44,99	13,4	21,3	17,0	17,23
30	48,2	47,1	48,3	47,52	15,3	22,2	19,3	18,93
31	46,5	45,5	44,9	45,42	15,5	22,3	19,4	19,07
Mittel	41,49	40,96	41,60	41,28	10,54	15,42	12,19	12,71

Tag	Dunstdruck in Millimetern 7h	2h	9h	Tagesmittel	Relative Feuchtigkeit 7h	2h	9h	Tagesmittel	Richtung und Stärke des Windes (Scala: 0—10) 7h	2h	9h
	mm	mm	mm	mm							
1	9,9	7,8	8,9	8,9	86	46	82	71	S 3	W 3	N 2
2	7,4	6,7	6,6	6,9	99	61	83	81	NNW 2	N 1	N 1
3	6,5	4,6	7,2	5,8	85	40	74	66	SSW 2	NNE 1	... 0
4	6,2	6,5	6,9	6,6	86	43	89	72	SW 1	SW 2	WNW 2
5	5,5	5,7	6,2	5,7	87	78	75	79	WSW 3	NW 1	SW 2
6	5,3	7,0	6,4	6,2	65	65	78	69	W 3	W 4	W 1
7	6,7	5,5	5,7	6,0	88	60	69	72	NNW 1	NE 3	... 0
8	5,8	4,9	6,4	5,7	74	45	69	63	NW 2	NE 3	NW 1
9	6,1	4,9	6,6	5,9	79	38	86	67	SSW 2	W 4	N 2
10	5,1	3,8	5,6	4,8	70	41	73	61	W 2	NNW 6	SSW 1
11	5,6	5,6	4,6	5,3	71	72	70	71	SSW 2	W 4	W 2
12	4,7	4,5	4,6	4,6	74	49	59	61	SW 3	W 2	SW 2
13	5,1	4,3	5,7	5,0	77	45	73	65	SSW 3	NW 2	WSW 1
14	6,1	6,9	5,8	6,3	96	93	89	93	N 3	N 5	NW 3
15	5,3	7,3	7,2	6,6	70	94	89	84	NNE 3	NNE 3	N 3
16	8,0	10,1	11,2	9,6	87	76	65	82	N 4	N 3	NNW 2
17	10,4	11,1	10,8	10,8	88	68	94	85	... 0	NE 2	... 0
18	10,6	10,7	12,3	11,2	96	61	84	80	NE 1	ENE 1	NE 2
19	11,4	10,7	10,4	10,5	81	56	75	71	N 3	N 4	NNE 1
20	10,7	9,4	9,7	9,9	81	57	75	71	N 2	S 1	NW 1
21	9,3	10,2	9,8	9,5	63	64	46	78	NNW 1	NNW 2	NNW 1
22	9,7	11,2	11,8	10,9	87	63	90	80	E 1	NE 2	NNW 2
23	10,1	9,6	9,5	9,7	96	48	86	80	N 3	NNW 4	NNW 2
24	9,4	9,4	9,5	9,4	77	54	81	71	NW 1	NNW 3	WNW 2
25	9,2	9,6	10,8	9,5	80	64	81	76	NNW 1	NNE 2	SW 1
26	10,6	7,8	10,1	9,4	96	45	72	71	NE 2	NE 2	E 3
27	9,3	9,9	11,1	10,1	76	65	80	74	NE 1	NE 2	NE 1
28	11,3	10,2	8,7	10,3	85	63	71	73	SSW 1	SW 2	WSW 4
29	7,8	8,3	9,7	8,6	69	44	68	60	SSW 2	W 4	NW 1
30	10,8	8,1	10,2	9,8	84	42	41	62	... 0	NE 1	... 0
31	10,9	9,3	11,2	10,5	83	46	66	65	... 0	NNE 3	E 2
Mittel	8,0	7,6	8,4	8,1	82	59	77	72	1,9	2,6	1,6

Tag	Bewölkung (Scala: 0 = heiter, 10 = trüb) und Wolkenzug 7h	2h	9h	Tagesmittel	Niederschlag in Millimetern	Bemerkungen.
1	FHS 8 W	FH 7 SW	S 10 ···	8,3	19,3	7¼h ●tropfen. 8h ⚡ in S. Nachts ●.
2	S 10 ···	S 10 ···	FS 9 ···	9,7	0,5	19h—5h ●
3	S 0 ···	FS 2 ···	FS 4 ···	2,0	···	Morgens $\equiv_1$, Abends $\equiv_0$ u. Dunst.
4	··· 0 ···	FHS 7 SW	HS 10 ···	5,7	10,7	Morgens $\equiv_0$, 8½h—9h u. Nachts ●
5	S 10 ···	S 10 ···	S 10 ···	10,0	14,3	19h—21h ● u. a. 21h—2h ●.
6	S 10 ···	FHS 6 W	S 10 ···	9,3	···	Abends $\equiv_0$.
7	S 10 ···	HS 10 W	S 10 ···	10,0	0,6	19¾h, 23h u. 8½h—9h ●
8	S 10 ···	HS 9 E	HS 9 ···	9,3	···	18¾ ●tropfen.
9	FS 7 ···	HS 10 ···	S 10 ···	9,0	3,0	Morgens $\equiv_0$, 2½h—10h ●.
10	HS 8 W	HS 10 ···	S 10 ···	9,3	···	4h [illegible], 9h [illegible].
11	S 10 ···	S 10 ···	HS 10 W	10,0	2,4	18½h—23h, 1h—2h u. 7h ●
12	S 10 ···	S 10 ···	HS 9 ···	9,7	···	
13	S 10 ···	FH 7 N	FS 7 ···	8,0	2,1	Nachts ●.
14	S 10 ···	S 10 ···	S 10 ···	10,0	9,2	19h—5½h u. 8h—9h ●.
15	HS 10 N	S 10 ···	S 10 ···	10,0	6,4	19½h—3h, 8½h u. 11h ●.
16	FHS 10 N	S 10 ···	HS 10 ···	10,0	5,9	22h, 2h—3h u. 9h ●, 9h ⚡ in SE, 10½h ☈ u. ●
17	HS 8 ···	HS 10 ···	FS 9 ···	9,0	4,2	Morgens $\equiv_0$, 2h—5h ●, 5h ☈, Abends Dunst.
18	S 10 ···	FHS 6 W	HS 10 NE	8,7	5,3	Morgens $\equiv_1$, 4½h ●, 6h, 6½h ☈ u. ●, 8h—10½h ●.
19	FHS 4 ···	HS 4 N	HS 10 ···	6,0	···	8½h—9h ●
20	S 10 ···	FH 3 NE	HS 9 ···	7,3	···	0½h ☈, 1h ●tropfen, 2½h ☈, 8h ●.
21	S 10 ···	FH 8 E	HS 8 ···	9,0	···	
22	HS 10 E	HS 10 ···	HS 10 ···	10,0	5,7	2½h ●, 3h ☈ u. ●, 5h—6h, 9½h u. Nachts ●.
23	S 10 ···	S 10 ···	S 10 ···	10,0	10,4	19h—1h u. 2½h—4h ●.
24	HS 9 ···	FHS 7 W	HS 7 ···	7,7	···	Abends Dunst.
25	HS 10 N	FHS 7 N	FHS 9 ···	8,7	···	3½h ●tropfen.
26	FHS 5 SW	FH 7 E	S 10 ···	7,3	···	
27	FHS 7 ···	HS 10 ···	HS 9 ···	8,7	0,7	22½h—23h u. 10½h ●.
28	FHS 8 ···	FH 7 S	S 10 ···	8,3	1,8	Morgens $\equiv_0$, 23½h, 0½h u. 1h—11h ●.
29	··· 0 ···	FH 6 W	FH 5 W	3,7	···	
30	FS 3 ···	FH 8 E	HS 8 ···	5,7	···	Morgens $\equiv_0$.
31	··· 0 ···	FHS 9 NE	S 8 ···	5,7	···	Morgens $\equiv_0$.
Mittel	7,1	8,1	9,1	8,2	S. 102,1	

b) Autographische Aufzeichnungen.

Luftdruck auf 0° reducirt in Millimetern = 700mm +

Tag	12h	14h	16h	18h	20h	22h	0h	2h	4h	6h	8h	10h	Tagesmittel	Max.	Min.
	mm	mm	mm	mm	mm	mm	mm	mm	mm	mm	mm	mm	mm	mm	mm
1	39,8	39,6	39,7	39,3	39,1	38,8	38,1	37,3	36,5	36,7	37,1	37,8	38,29	40,2	36,5
2	39,0	38,6	39,3	40,2	41,2	41,9	42,8	43,0	43,1	43,3	43,7	44,1	41,60	44,1	38,0
3	44,2	44,5	44,7	45,3	40,7	46,5	45,1	44,2	43,6	43,4	43,3	43,6	44,42	45,8	43,2
4	43,7	43,4	43,1	43,0	43,2	42,0	43,2	41,6	41,8	43,1	44,7	45,2	43,15	46,5	41,2
5	46,5	45,2	45,3	45,3	46,2	45,2	44,9	44,5	44,7	43,4	43,9	42,7	44,47	45,5	42,2
6	42,2	41,7	41,3	41,2	41,5	41,3	41,5	42,0	42,2	42,9	44,3	44,7	42,21	45,0	41,3
7	45,0	45,0	45,3	45,7	46,8	47,1	47,5	47,1	47,0	47,2	47,7	48,4	46,61	48,9	45,0
8	48,9	49,0	49,0	49,5	50,0	50,2	50,2	49,6	49,1	48,0	49,3	49,5	49,44	50,4	48,9
9	49,2	48,3	47,6	47,0	46,1	45,4	44,0	42,8	42,5	42,1	42,4	42,8	45,02	49,2	42,0
10	43,6	44,0	44,6	45,1	45,4	44,9	44,4	43,8	43,0	42,0	41,1	39,7	43,47	46,5	38,7
11	38,7	37,1	35,5	34,2	33,5	38,1	38,6	35,1	34,2	38,5	37,3	36,7	35,29	39,0	32,4
12	38,8	39,2	40,0	40,2	41,3	41,3	41,1	40,9	40,7	41,1	42,1	42,8	40,78	43,5	38,6
13	43,5	43,6	44,1	44,7	45,6	45,9	45,9	45,4	45,2	44,9	44,9	45,4	44,93	46,0	43,4
14	45,7	45,8	46,1	46,4	46,9	46,9	47,1	47,2	47,3	47,6	48,0	48,2	46,93	48,3	45,7
15	47,9	47,6	47,2	46,7	46,9	46,5	46,0	44,8	44,6	44,5	44,9	44,4	45,98	47,9	44,2
16	44,3	43,4	43,4	44,1	45,0	43,3	43,1	43,3	43,3	42,5	42,8	42,3	43,16	44,3	42,2
17	42,4	42,5	42,4	42,6	42,8	42,5	41,7	40,8	41,1	40,8	40,8	41,6	41,80	42,9	40,7
18	41,8	41,9	41,8	42,0	42,5	42,2	41,9	41,4	40,5	40,5	40,8	41,1	41,54	42,5	40,4
19	40,9	40,8	40,7	40,9	41,3	41,3	41,4	40,7	39,8	40,0	40,9	41,8	40,86	41,7	39,6
20	41,6	41,4	41,2	41,4	41,6	41,6	41,2	40,6	40,3	40,2	40,8	40,7	41,04	41,7	40,0
21	40,6	40,3	40,3	40,4	40,7	40,6	40,4	39,1	38,7	38,6	38,6	38,6	39,74	40,7	38,4
22	38,5	37,8	37,3	37,0	36,7	36,0	35,0	33,7	33,4	32,8	32,2	32,9	35,30	38,5	32,8
23	33,2	32,7	31,9	31,9	31,8	32,2	32,2	32,3	32,4	32,7	33,1	33,6	32,48	33,7	31,5
24	33,7	33,6	33,8	34,1	34,4	34,7	34,9	34,8	34,4	34,9	35,6	36,4	34,59	36,8	33,6
25	36,8	36,8	37,0	37,3	37,6	37,7	37,2	36,7	36,3	36,1	36,1	36,5	36,84	37,8	36,1
26	36,1	36,3	36,0	35,9	36,2	36,1	35,6	35,1	34,7	34,8	35,0	35,2	35,57	36,4	34,6
27	35,5	35,2	34,9	31,6	34,5	34,0	33,5	32,2	31,3	31,1	30,7	30,7	33,18	35,5	30,1
28	30,1	29,7	29,4	29,5	29,7	30,1	30,1	31,3	32,7	31,6	33,9	33,8	31,93	40,1	29,1
29	40,1	40,9	41,8	42,2	42,9	44,1	44,1	44,4	45,0	45,6	46,6	47,6	43,91	48,2	40,0
30	48,2	48,1	48,1	48,1	48,3	48,4	48,2	47,4	47,1	46,0	46,6	47,1	47,68	48,4	46,6
31	47,0	46,7	46,6	46,5	46,1	46,4	46,2	45,5	46,0	45,7	44,7	45,2	46,08	47,0	45,7
Mittel	41,47	41,31	41,27	41,27	41,60	41,53	41,31	40,86	40,59	40,76	41,19	41,56	41,21	43,25	39,45

Tag	Lufttemperatur nach Celsius														
	12h	14h	16h	18h	20h	22h	0h	2h	4h	6h	8h	10h	Tagesmittel	Max.	Min.
1	15,0	14,1	14,1	13,7	14,3	17,3	18,4	19,6	18,6	15,6	14,1	12,3	13,62	19,6	10,6
2	10,6	8,7	8,2	8,4	8,4	8,3	8,4	9,6	8,2	8,1	7,9	7,3	8,42	10,6	7,1
3	7,1	6,5	5,5	5,0	7,5	11,3	12,6	13,4	11,7	11,6	11,4	9,8	9,45	13,4	5,0
4	8,8	7,9	7,0	6,6	9,0	11,7	16,6	18,2	16,5	12,6	9,3	7,2	11,20	18,2	6,6
5	6,7	6,1	5,4	4,5	3,5	5,9	5,9	7,1	7,7	8,3	8,7	8,8	6,41	8,9	3,5
6	8,5	7,7	7,2	7,3	9,2	11,0	12,1	12,4	9,8	9,8	8,8	8,5	9,36	12,4	7,2
7	8,5	7,5	7,3	7,0	7,5	8,2	9,6	10,7	10,3	9,7	8,6	8,3	8,46	10,3	7,0
8	8,2	7,8	7,7	7,4	8,4	10,2	11,3	12,5	11,8	11,1	10,5	10,1	9,75	12,5	7,4
9	8,5	7,4	6,5	6,6	10,1	13,1	14,7	16,1	11,1	10,7	7,7	7,5	10,00	16,1	6,5
10	7,1	6,7	6,6	6,6	7,0	8,4	8,9	9,9	9,8	9,3	8,2	6,9	7,95	10,0	6,5
11	6,5	6,5	6,5	6,9	7,7	7,7	10,2	7,4	7,0	7,8	6,5	5,0	7,14	10,4	4,9
12	4,8	4,6	4,1	4,2	5,2	6,4	7,6	9,4	9,8	9,5	7,7	7,0	6,69	9,9	4,1
13	5,3	4,2	3,6	4,6	6,8	8,4	9,6	10,8	9,6	9,9	8,4	6,9	7,34	10,9	3,6
14	6,5	6,0	5,4	4,8	5,3	5,5	6,9	6,9	7,3	7,5	7,0	7,0	6,26	7,5	4,8
15	7,0	7,0	6,9	7,0	6,9	6,8	7,2	7,5	7,4	8,1	8,5	8,3	7,37	8,3	6,4
16	8,3	8,4	8,5	9,7	11,5	13,0	11,3	15,7	15,6	17,0	16,0	15,9	12,79	17,2	8,3
17	14,0	13,3	12,7	12,8	15,6	17,9	20,5	19,8	15,2	15,7	14,1	13,5	15,29	20,8	12,4
18	13,0	12,5	12,9	12,9	13,6	16,6	18,9	20,2	21,6	18,7	17,3	16,3	16,21	21,6	12,5
19	15,0	14,8	14,5	15,4	18,1	20,0	21,2	21,5	22,3	21,1	17,0	15,9	18,07	22,7	14,4
20	15,8	14,9	14,0	14,6	15,9	17,5	19,4	19,1	19,4	18,8	15,6	15,1	16,68	20,0	14,0
21	14,1	13,0	13,0	13,1	13,2	14,3	16,9	18,4	18,1	17,3	14,5	13,4	14,93	18,8	12,6
22	12,6	12,3	12,2	12,3	14,0	16,8	18,9	20,3	17,8	17,5	16,1	15,2	15,50	20,3	12,1
23	14,4	13,7	13,3	13,1	12,2	12,3	12,3	12,8	13,4	14,1	13,3	13,1	13,16	14,4	12,0
24	13,2	13,3	13,3	13,5	15,6	17,7	19,1	19,8	20,3	19,1	16,5	13,0	16,12	20,3	12,9
25	12,9	12,7	12,2	11,7	12,2	14,2	16,3	17,6	17,3	17,0	16,1	14,7	14,58	18,1	11,7
26	13,8	12,4	11,6	11,9	14,1	17,1	18,2	19,5	19,6	18,3	17,7	15,9	15,84	19,6	11,6
27	14,0	13,2	12,9	13,3	15,1	17,3	15,3	17,8	19,1	18,1	17,0	16,2	15,85	19,2	12,9
28	15,3	15,2	14,7	14,9	17,0	19,0	19,7	19,8	14,4	16,0	15,1	14,5	16,63	20,6	14,0
29	14,0	13,0	11,6	11,8	16,4	18,4	20,0	21,3	20,8	20,9	18,4	16,7	16,94	21,7	11,2
30	15,8	14,4	14,0	14,8	18,4	20,5	21,6	22,2	22,5	22,5	20,0	19,2	18,83	24,0	14,0
31	17,1	15,7	14,3	14,4	17,6	20,7	22,1	22,3	22,4	22,4	20,1	18,6	18,98	23,4	14,1
M.M.	11,06	10,39	9,94	10,01	11,52	13,37	14,60	15,42	14,85	14,31	12,80	11,88	12,51	16,15	9,41

Tag	Richtung (R), Geschwindigkeit (G) des Windes in 1 Secunde in Metern.												Tagesmittel
	12h R G	14h R G	16h R G	18h R G	20h R G	22h R G	0h R G	2h R G	4h R G	6h R G	8h R G	10h R G	G
1	SSW 1,7	SSW 1,5	WSW 3,6	S 1,6	SSW 3,0	SSW 6,0	WSW 6,1	WSW 5,5	WSW 4,2	N 1,6	N 3,0	N 0,5	3,4
2	NE 1,0	N 4,2	NW 1,7	NW 2,2	N 2,7	N 3,7	N 3,7	N 3,1	NNE 2,8	NNW 1,6	NNW 1,0	NW 0,8	2,4
3	SSW 0,5	SSW 1,2	SSW 1,0	SSE 1,1	SSW 1,2	NE 1,5	NE 1,9	NE 1,9	ESE 1,2	SSE 0,3	SE 0,7	SW 0,2	1,1
4	WSW 0,6	SSW 1,6	SSW 1,0	SSE 1,5	SW 1,6	S 2,2	SW 1,2	SW 0,9	WNW 5,3	WNW 3,5	WNW 2,8	WNW 3,1	2,3
5	WNW 3,5	WNW 2,8	WNW 3,6	WNW 2,9	WNW 1,9	WNW 1,8	N 2,5	N 3,5	WNW 2,0	WNW 1,7	W 1,6	W 1,6	2,4
6	S 2,0	SSE 2,0	SSW 1,6	SSE 1,7	SSW 4,1	WNW 3,9	WNW 3,4	W 4,5	NW 3,5	NW 2,0	NW 0,7	SW 1,2	2,6
7	WNW 1,0	SSW 1,3	SW 1,4	NNW 0,5	NW 0,8	N 1,0	N 1,0	NE 0,8	NNE 1,5	NNW 1,8	W 0,8	SW 1,0	1,1
8	ENE 0,5	W 0,9	N 1,5	NNW 1,2	NNW 2,3	NNE 2,3	NNE 2,7	NNE 1,9	NNE 1,7	NNW 1,2	NW 0,2	WSW 0,2	1,4
9	SSW 1,2	SSW 1,6	SSW 2,2	SSW 2,0	SSW 2,3	WSW 3,5	SW 4,2	SW 4,0	NW 5,2	WNW 1,9	NW 2,6	WNW 1,9	2,7
10	NNW 1,6	NW 1,6	WNW 2,4	WNW 2,4	W 3,2	W 3,4	W 3,0	W 2,4	W 4,7	W 1,8	SW 1,6	SSW 2,0	2,6
11	SSW 3,0	SSW 2,5	S 1,5	WSW 3,2	SW 4,9	SW 4,5	SSW 5,4	NW 4,2	WNW 4,1	SW 3,6	W 3,2	W 3,4	3,6
12	WSW 3,2	S 3,0	SSW 3,2	WSW 3,4	WSW 2,7	WSW 2,8	WSW 3,0	WSW 2,2	W 1,6	WSW 1,1	WNW 2,7	SW 1,2	2,5
13	SSW 1,2	S 0,6	S 1,1	S 1,2	W 1,4	SW 1,2	W 0,9	NNW 1,8	S 2,7	SW 0,5	NNW 0,7	N 2,2	1,3
14	ENE 1,2	ESE 1,1	NW 1,8	N 3,0	NNE 3,5	NNE 1,8	NNE 3,7	NNE 4,5	NNE 3,7	NNE 5,5	NNE 3,5	NNE 3,5	3,3
15	NNE 3,3	NNE 3,9	NNE 4,0	NNE 5,4	NNE 2,7	NNE 4,0	NNE 4,3	NNE 3,8	N 3,5	N 3,3	N 3,1	N 3,8	3,8
16	N 2,5	NNW 1,6	NNE 2,6	N 3,7	NNE 3,5	NNE 3,0	NNE 4,0	NNE 3,0	NNE 1,9	NNE 3,2	NNE 2,2	NE 3,3	2,9
17	NE 1,0	NNW 0,7	NNW 0,1	NW 0,6	NW 0,8	NW 1,2	NW 2,6	NW 3,2	SSE 2,5	WSW 0,4	N 0,4	E 0,2	1,2
18	SE 0,4	W 0,1	N 0,6	NNE 0,8	NNE 0,8	N 1,5	ENE 1,2	ENE 1,4	N 2,5	NNE 2,4	NW 1,0	NNW 1,2	1,2
19	NNW 1,3	NNW 1,1	N 1,7	N 2,2	NNE 2,0	NNE 3,7	NNE 3,8	NNE 4,0	NNE 4,3	NNE 5,1	NNE 4,7	WNW 0,9	3,0
20	NNW 0,7	WNW 2,0	NNW 2,4	N 2,0	NNE 2,2	NNE 1,6	NNE 2,6	SE 1,6	N 2,6	NNW 1,3	E 1,7	N 0,7	1,8
21	N 1,2	NNW 1,7	NNW 2,2	NNW 1,3	NNE 1,2	W 0,7	WNW 0,9	NW 1,8	NNE 2,6	NNE 2,4	NNE 2,0	NNE 1,6	1,8
22	N 1,4	NNW 1,3	NNW 1,1	NNW 0,9	SSE 1,0	E 0,8	ENE 1,2	E 1,6	SE 1,3	N 2,4	NNW 1,4	NNW 2,3	1,4
23	NNE 1,8	N 2,0	N 2,7	N 2,7	NNE 2,7	NNW 2,8	N 2,4	N 3,5	NW 1,7	NNE 2,1	NNW 1,4	NW 0,8	2,2
24	NW 0,6	WNW 0,9	WNW 1,2	SW 0,6	NW 1,0	NW 1,8	N 2,7	N 2,4	NNE 2,8	NNE 2,8	N 1,8	N 1,6	1,7
25	N 1,7	NNE 1,4	NNE 1,3	N 1,3	N 0,8	N 1,2	NNE 1,4	N 1,1	WNW 2,0	NNW 0,5	SW 0,1	SW 0,3	1,1
26	NW 0,6	NW 0,7	N 0,4	WNW 0,7	N 0,9	N 1,8	N 1,6	NNE 1,9	N 1,7	N 1,1	ENE 2,1	ENE 1,4	1,2
27	E 1,1	ESE 1,1	NE 0,4	NE 0,4	E 1,6	ESE 2,0	E 2,6	E 3,2	ESE 2,8	E 2,2	E 1,6	E 0,7	1,7
28	S 0,5	E 0,7	SE 0,4	S 1,0	SSW 2,0	S 3,0	S 2,5	SW 3,0	W 5,0	WNW 4,4	WNW 4,5	WNW 4,3	2,6
29	WNW 4,0	W 3,6	WSW 2,0	SW 1,1	W 3,2	W 3,1	WNW 3,2	WNW 3,3	W 3,7	WNW 1,6	NW 0,7	NW 0,3	2,5
30	— 0,4	0,1	— 0,5	— 0,7	ENE 1,2	NE 2,4	ENE 1,8	E 2,0	ESE 1,7	E 1,9	E 0,4	E 0,9	1,2
31	E 0,1	NNE 0,5	NNW 0,4	WSW 0,8	NW 0,6	NE 1,2	NE 2,5	ENE 3,0	NE 3,0	N 1,1	ESE 1,9	ESE 0,8	1,3
M.M.	1,46	1,60	1,67	1,77	2,09	2,50	2,71	2,75	2,93	2,17	1,92	1,54	2,06

a. Directe Ablesungen.

Tag	Luftdruck auf 0° reducirt in Millim. = 700mm + 7h	2h	9h	Tagesmittel	Lufttemperatur nach Celsius 7h	2h	9h	Tagesmittel
1	45,0	44,3	44,8	44,71	16,6	24,0	20,0	20,20
2	45,4	44,5	45,1	44,98	16,2	25,2	20,6	20,67
3	46,9	44,6	42,8	44,76	16,3	25,1	22,5	21,27
4	43,4	42,0	41,7	42,36	19,4	25,5	21,8	22,17
5	42,5	41,9	41,7	42,05	18,0	26,1	21,2	21,77
6	42,0	40,9	41,9	41,60	18,2	27,4	19,1	21,57
7	42,6	42,7	43,0	42,75	19,1	21,3	16,8	19,00
8	44,1	44,4	44,6	44,36	11,2	16,0	12,9	13,37
9	43,2	40,6	40,3	41,36	13,2	13,9	12,0	12,77
10	41,4	44,5	46,8	44,91	14,0	14,9	12,9	13,67
11	53,1	52,9	53,2	53,07	11,3	18,5	16,2	15,93
12	54,9	54,0	54,3	54,41	14,0	21,6	17,2	17,60
13	54,5	52,8	52,7	53,15	18,4	23,9	19,8	19,08
14	50,8	47,7	48,1	48,20	15,2	25,9	20,7	20,60
15	41,9	48,4	47,8	45,89	17,4	22,7	17,6	19,83
16	46,4	43,0	40,7	43,19	14,9	24,8	21,0	20,43
17	39,8	40,0	42,7	40,82	17,9	19,0	13,4	16,77
18	45,1	43,2	40,2	42,93	11,7	18,2	16,2	15,57
19	38,8	40,7	42,1	39,87	15,2	15,2	11,4	13,30
20	41,6	41,1	41,2	41,32	13,2	15,2	12,6	13,00
21	44,0	45,6	47,7	45,77	12,6	14,1	13,8	14,17
22	49,8	50,1	51,2	50,84	14,4	20,1	16,6	17,02
23	51,7	50,5	49,5	50,57	14,0	23,7	19,6	19,10
24	49,2	46,7	43,3	47,03	15,3	24,6	21,5	21,15
25	44,8	42,8	42,6	43,41	17,8	29,2	21,3	22,27
26	44,8	45,1	46,5	45,44	20,4	25,0	19,8	21,75
27	46,7	44,7	43,9	45,08	16,9	26,4	22,3	21,85
28	43,8	46,2	47,2	46,22	16,5	26,0	22,1	22,15
29	48,4	46,6	46,2	47,08	17,8	28,8	22,4	23,00
30	45,9	41,9	43,6	44,78	17,3	29,0	24,0	23,43
Mittel	45,81	45,17	45,30	45,43	15,59	22,50	18,41	18,80

Tag	Dunstdruck in Millimetern 7h	2h	9h	Tagesmittel	Relative Feuchtigkeit 7h	2h	9h	Tagesmittel	Richtung und Stärke des Windes [Scala: 0 — 10] 7h	2h	9h
1	11,3	8,5	11,1	10,3	79	38	64	60	N 1	NW 2	N 1
2	11,1	9,7	12,5	11,1	81	41	70	64	SW 1	NNW 1	N 1
3	11,7	14,8	13,6	13,4	85	50	67	67	S 1	NNE 1	NE 1
4	12,9	12,2	13,8	13,0	77	51	72	67	N 1	N 2	N 1
5	10,7	7,7	12,6	10,3	70	31	67	56	NNW 1	NNE 2	— 0
6	11,5	10,7	13,8	12,0	74	39	84	66	SW 1	W 2	— 0
7	13,3	9,5	10,7	11,1	81	30	76	69	NNW 1	WNW 3	WNW 1
8	9,3	7,5	6,8	7,8	95	56	68	70	N 2	NW 4	NNE 1
9	7,1	9,6	9,8	8,7	66	81	90	79	ENE 2	E 3	E 3
10	9,4	10,3	8,0	9,2	79	82	76	79	W 2	W 1	NE 2
11	7,6	5,8	7,8	7,0	76	36	60	57	N 1	N 2	WNW 1
12	9,0	6,6	8,9	8,2	76	34	61	57	N 1	NE 2	N 1
13	9,1	8,0	9,5	8,9	80	35	56	57	SW 1	S 1	ESE 1
14	10,1	9,9	11,1	10,4	78	41	62	60	— 0	E 3	S 2
15	10,3	11,6	8,9	10,3	69	56	60	62	S 2	NW 5	NW 2
16	9,9	9,5	13,2	10,9	78	41	72	64	SW 1	SSE 2	SSE 2
17	12,1	12,0	10,1	11,4	79	74	89	81	SSW 1	SW 1	NNW 2
18	7,1	7,0	8,0	7,4	69	46	59	58	NW 3	SSW 3	WSW 2
19	8,4	8,5	5,9	6,9	65	51	59	58	S 3	W 6	W 5
20	4,3	5,9	7,5	6,6	63	46	49	59	SW 5	W 4	W 3
21	7,1	7,8	8,0	7,5	66	55	68	63	NNE 2	NNW 4	WNW 3
22	8,7	8,2	10,5	9,1	71	47	73	64	W 2	WNW 3	NW 1
23	9,9	9,7	12,8	10,7	84	45	74	68	SW 1	E 2	SSW 2
24	10,7	9,8	13,1	11,1	83	37	69	63	SSW 2	S 2	SW 1
25	10,0	10,1	13,4	11,2	68	33	63	55	E 1	N 1	NNW 1
26	14,2	12,5	11,4	12,7	80	55	66	66	N 3	N 3	N 2
27	9,5	10,7	12,4	10,9	66	42	63	57	NNW 1	E 3	E 4
28	12,6	11,6	10,4	11,5	80	48	55	60	NNW 1	ENE 1	E 3
29	9,9	10,7	11,4	10,7	65	36	56	52	E 2	ENE 3	E 1
30	10,5	11,0	15,2	12,3	71	37	69	59	NNE 2	— 0	SW 1
Mittel	10,0	9,5	10,7	10,1	75	47	68	63	1,6	2,4	1,7

Tag	Bewölkung (Scala: 0 = heiter, 10 = trüb) und Wolkenzug 7h	2h	9h	Tagesmittel	Niederschlag in Millimetern	Bemerkungen
1	FH 2 NE	FH 5 N	F 1 —	2,7	—	
2	— 0 —	FH 6 NW	HS 4 —	3,3	—	Morgens ≡₀, Abends Dunst.
3	FHS 7 N	HS 7 NE	FS 9 —	7,7	—	Morgens ≡₀.
4	— 0 —	FHS 7 SE	FHS 8 —	5,0	2,0	Morgens ≡₀, 5¼h—6¾h ⟦ u. ●, Nachts ●
5	— 0 —	FH 3 —	F 1 —	1,3	—	
6	FHS 7 W	FHS 8 —	FHS 8 —	7,7	—	Morgens ≡₀, 5h–7h ● mit Unterbrechungen.
7	FHS 9 NW	FHS 9 W	S 9 —	9,0	5,8	0h ●tropfen, 4h–7h ● mit Unterbrechungen und Nachts ●
8	HS 10 N	FHS 8 W	FS 8 W	8,7	0,4	19¾h ●.
9	HS 10 —	HS 10 —	S 10 —	10,0	2,4	1¼h—5h u. Nachts ●.
10	HS 10 W	HS 10 W	HS 9 —	9,7	3,5	19¾h—9h ● mit Unterbrechungen.
11	— 0 —	FH 7 N	FS 2 —	3,0	—	
12	FH 2 NE	FH 4 E	— 0 —	2,0	—	
13	— 0 —	FH 1 —	— 0 —	0,3	—	Morgens ≡₀.
14	— 0 —	FH 2 SE	— 0 —	0,7	—	Morgens ≡₀.
15	— 0 —	FHS 9 NW	FS 4 W	4,3	—	23¼h ●tropfen.
16	FS 9 —	FHS 8 SW	S 10 —	9,0	4,4	Morgens ≡₀ u. Dunst, 9¾h ⟨ in SW, 10h—11h ⟦ u. ●
17	S 10 —	S 10 —	S 10 —	10,0	**16,0**	0¼h—2h ●, Nachmittags ● mit Unterbrechungen. [Nachts ●.
18	FHS 6 SW	FH 7 S	S 10 —	7,7	—	
19	FHS 8 SW	S 10 —	FH 7 W	8,3	0,3	20¼h—22h ●
20	FH 6 W	HS 10 —	HS 10 —	8,7	—	
21	HS 6 NE	S 10 —	FS 3 —	6,3	—	
22	FH 8 NW	FHS 6 NW	HS 8 N	7,3	—	Nachts ●
23	S 5 —	H 3 —	S 4 —	4,0	—	Morgens ≡₀.
24	S 1 —	F 2 —	— 0 —	1,0	—	Morgens ≡₀, △.
25	— 0 —	F 3 W	HS 4 —	2,3	—	Morgens u. Abends ≡₀.
26	HS 10 N	FH 7 NW	F 1 —	6,0		
27	— 0 —	FH 1 —	HS 10 —	3,7		Abends ⟨ in S.
28	S 10 —	FH 6 E	HS 2 —	6,0		
29	FH 2 W	FS 9 W	FS 4 W	5,0		
30	FS 5 —	FH 8 —	FS 3 —	5,3		
Mittel	4,9	6,5	5,3	5,6	S. 34,8	

b) Autographische Aufzeichnungen.

Luftdruck auf 0° reducirt in Millimetern = 700mm +

Tag	12h	14h	16h	18h	20h	22h	0h	2h	4h	6h	8h	10h	Tagesmittel	Max.	Min.
1	45,1	44,9	44,9	45,0	44,9	44,9	44,7	44,1	44,2	44,2	44,3	44,9	44,67	45,1	44,1
2	45,2	45,1	45,1	45,3	45,4	45,0	44,7	44,5	44,1	44,2	44,8	45,1	44,86	45,1	44,0
3	45,5	45,4	45,9	45,8	46,0	45,9	45,4	44,8	43,8	43,5	43,5	43,7	44,92	46,0	43,4
4	43,7	43,5	43,4	43,1	43,2	42,8	42,1	42,0	41,0	40,9	41,1	41,9	42,41	43,7	40,9
5	41,9	42,2	42,4	42,5	42,5	42,6	42,1	41,9	41,3	41,4	41,5	42,0	42,03	42,6	41,1
6	42,1	41,8	41,8	41,9	41,9	42,0	41,8	40,9	41,0	41,6	41,8	42,1	41,74	42,2	40,9
7	42,1	42,2	42,2	42,2	42,6	42,7	42,6	42,7	42,4	42,1	42,8	43,2	42,51	43,4	42,1
8	43,4	43,1	43,0	43,6	44,4	44,5	44,1	44,4	43,9	44,4	44,1	44,6	43,98	44,6	43,0
9	41,8	44,5	43,6	43,1	43,0	42,3	41,5	40,6	39,9	39,7	39,9	40,7	41,78	44,8	39,5
10	40,9	40,7	41,0	41,3	42,0	42,6	43,6	44,5	45,2	46,3	47,9	49,1	43,77	50,2	40,7
11	50,3	51,0	51,7	52,7	53,1	53,5	53,4	53,9	52,7	52,6	52,7	53,5	52,53	53,6	50,3
12	53,6	53,9	54,2	54,4	54,9	54,0	54,4	54,0	53,8	53,7	54,0	54,3	54,13	**54,9**	53,6
13	54,4	54,2	54,3	54,3	54,5	54,1	53,7	52,8	52,4	51,8	51,9	52,3	53,29	54,5	51,8
14	52,2	51,7	51,2	50,9	50,9	50,1	48,9	47,7	46,9	46,1	45,9	46,9	49,12	52,2	45,8
15	46,8	45,5	45,2	45,0	44,9	45,3	45,7	46,4	46,8	47,0	47,5	47,9	46,08	47,9	44,9
16	47,9	47,7	47,2	47,0	46,4	45,6	44,3	43,0	41,9	40,9	40,2	40,0	44,37	47,9	39,8
17	40,1	39,9	39,1	39,5	39,9	40,0	39,8	40,0	40,5	41,0	41,9	43,1	40,40	43,6	39,1
18	44,7	44,6	44,9	45,1	45,7	44,8	44,0	43,2	42,1	41,6	41,1	40,0	43,47	45,5	40,0
19	39,4	38,5	37,8	37,1	36,6	37,0	39,0	40,7	41,1	41,7	41,9	42,7	39,56	42,9	**36,6**
20	42,5	42,6	42,2	41,9	41,7	41,6	41,2	41,1	40,4	40,6	40,7	41,5	41,52	42,6	40,3
21	42,1	42,2	42,7	43,1	44,1	44,7	45,1	45,6	46,2	46,7	47,4	48,0	44,87	48,3	42,1
22	48,3	48,5	49,1	49,5	49,9	50,1	50,2	50,1	50,1	50,5	51,0	51,2	49,88	51,4	48,0
23	51,5	51,5	51,6	51,7	51,6	51,0	50,8	50,5	49,7	49,3	49,3	49,6	50,68	51,7	49,3
24	49,6	49,5	49,3	49,3	49,1	48,3	47,5	46,7	45,7	44,8	44,9	45,5	47,52	49,7	44,7
25	45,2	45,1	44,9	44,8	44,6	44,3	43,7	42,8	42,1	41,8	42,2	42,9	43,70	45,2	41,8
26	43,3	43,6	44,0	44,6	45,0	45,4	45,1	45,1	45,1	45,4	46,0	46,5	44,95	46,5	43,3
27	47,0	46,8	46,5	46,7	46,1	46,2	45,5	44,7	43,3	42,9	43,7	44,0	45,41	47,0	42,9
28	45,8	46,1	46,3	46,8	46,6	45,9	46,1	46,2	46,2	46,1	46,6	47,6	46,61	47,9	45,8
29	47,8	47,8	47,8	48,2	48,3	47,8	47,1	46,6	46,1	45,9	45,9	46,1	47,12	48,5	45,9
30	46,1	45,9	45,7	45,6	45,9	46,3	45,5	44,9	44,3	42,8	44,4	43,8	44,99	46,5	42,8
Mittel	45,08	45,64	45,57	45,69	45,81	45,76	45,31	45,18	44,82	44,72	44,99	45,19	45,10	47,21	43,65

Tag	Lufttemperatur nach Celsius														
	12h	14h	16h	18h	20h	22h	0h	2h	4h	6h	8h	10h	Tagesmittel	Max.	Min.
1	17,3	15,9	14,3	14,6	18,7	21,9	23,1	24,9	23,6	24,1	21,4	19,2	19,84	24,8	14,2
2	17,1	15,7	14,7	14,9	18,9	23,2	25,0	25,2	25,2	24,9	21,9	19,4	20,51	25,6	14,4
3	17,5	16,3	15,5	15,5	18,1	22,4	24,5	25,1	25,9	25,7	23,5	21,3	20,93	27,1	15,1
4	19,5	18,4	17,3	17,7	21,8	24,9	26,3	25,3	25,8	22,9	21,9	20,7	21,88	27,5	17,1
5	18,8	16,9	15,8	16,3	20,4	22,7	25,3	26,1	26,1	26,0	23,1	20,3	21,48	27,1	15,7
6	18,3	16,5	15,4	16,2	21,4	23,9	25,4	27,4	25,3	20,7	20,1	19,1	20,81	27,4	15,4
7	16,4	18,4	17,8	18,4	20,3	20,7	20,9	21,3	20,6	19,9	16,8	16,5	19,17	21,8	15,6
8	15,6	15,3	13,8	11,4	11,2	12,5	14,3	16,0	16,4	15,3	13,5	12,5	13,90	16,0	11,2
9	12,4	12,3	12,0	12,2	13,0	13,7	11,7	13,9	13,4	12,6	12,1	12,0	12,86	14,7	11,9
10	12,1	12,3	12,7	13,3	15,3	15,8	14,8	14,8	13,7	12,5	12,4	11,9	13,46	16,0	10,9
11	10,5	9,6	9,1	9,6	13,4	15,9	17,1	19,3	19,0	19,0	18,1	14,7	14,39	19,4	**9,0**
12	13,0	12,2	11,0	11,3	16,2	18,9	20,6	21,6	21,8	22,0	18,8	16,7	17,01	22,5	11,0
13	14,8	12,8	11,7	11,6	17,7	21,0	22,3	23,9	24,5	25,0	21,6	18,7	18,80	25,4	11,3
14	16,8	14,9	13,4	13,9	18,5	23,3	24,7	25,9	26,2	26,4	22,5	19,4	20,49	26,7	13,3
15	17,2	15,9	14,4	15,4	20,9	23,6	22,1	22,7	21,7	21,2	19,7	16,7	19,20	23,7	14,4
16	15,6	14,6	13,2	13,8	17,9	21,3	23,3	24,8	23,8	23,9	21,7	20,4	19,53	24,8	12,9
17	17,1	16,1	17,5	17,0	19,2	20,3	22,5	19,0	16,9	15,7	13,6	13,4	17,36	22,7	11,5
18	11,6	11,5	10,6	10,7	12,9	15,2	17,6	18,2	18,7	18,2	17,0	15,6	14,82	18,7	10,0
19	14,6	13,7	13,6	13,5	16,8	14,4	14,1	15,2	14,4	13,6	12,4	10,7	13,93	16,6	10,2
20	10,2	9,9	9,5	10,7	11,3	12,8	14,8	15,2	15,5	14,7	12,9	12,2	12,48	15,6	9,5
21	11,5	11,3	11,1	11,4	14,3	16,0	15,8	16,1	16,8	16,6	14,6	12,7	14,02	16,9	11,0
22	12,2	11,6	10,6	12,5	16,2	17,4	19,9	20,1	20,8	18,5	16,9	16,0	15,98	20,8	10,5
23	14,5	13,6	12,1	12,7	17,0	20,6	22,3	23,7	23,7	24,8	21,0	18,2	18,68	25,1	11,9
24	16,2	14,7	13,4	11,2	19,6	21,6	25,2	26,6	27,2	26,0	23,6	20,4	21,06	28,1	13,2
25	17,4	15,6	14,4	15,3	23,8	25,4	28,1	29,2	29,5	27,8	24,8	22,3	22,55	29,7	14,4
26	21,1	19,3	18,7	19,6	21,1	23,0	24,6	25,0	25,0	24,0	21,0	18,9	21,78	25,0	17,8
27	17,8	16,5	15,1	15,8	19,9	22,5	25,0	26,6	27,2	26,7	23,5	21,3	21,49	27,4	15,0
28	19,3	18,2	18,1	18,4	19,8	22,3	24,5	26,9	26,6	26,7	23,9	21,1	22,08	27,1	18,1
29	19,1	17,7	16,4	16,6	20,8	24,2	27,4	28,8	27,9	26,8	23,8	21,2	22,56	28,8	16,4
30	19,2	17,4	16,0	15,8	20,6	24,9	27,1	29,0	28,8	29,4	25,1	23,0	22,94	**30,2**	15,4
M.M.	15,91	14,81	13,97	14,34	17,79	20,23	21,76	22,50	22,37	21,79	19,34	17,55	18,53	23,43	13,28

Tag	Richtung (R), Geschwindigkeit (G) des Windes in 1 Secunde in Metern.												Tagesmittel
	12h R G	14h R G	16h R G	18h R G	20h R G	22h R G	0h R G	2h R G	4h R G	6h R G	8h R G	10h R G	G
1	ENE 0,4	N 0,5	SW 0,5	WSW 0,4	N 1,0	— 2,3	W 1,7	W 1,5	NNE 2,0	NE 1,9	ENE 0,3	N 0,4	1,1
2	SW 1,0	SW 0,9	SW 0,8	S 0,3	SSW 0,7	NE 1,9	NE 2,0	NE 2,6	NNE 2,9	NE 2,5	NE 1,0	W 0,7	1,4
3	SW 0,7	SW 0,6	SW 0,4	SSW 0,8	N 0,9	N 1,3	N 2,1	NE 1,7	E 2,1	E 3,4	NE 1,0	N 0,5	1,3
4	N 0,7	NNW 0,6	NNW 0,5	NNW 0,9	ENE 1,0	ENE 2,6	ENE 3,2	N 2,0	N 2,7	ESE 2,0	NE 0,6	NE 0,9	1,5
5	NE 0,7	NNW 0,5	NW 0,4	NNW 0,8	N 2,2	E 3,0	E 5,0	E 3,0	E 2,7	ENE 1,8	NE 1,3	W 0,2	1,8
6	NNW 0,4	WSW 1,0	SW 1,1	SW 0,8	NW 0,6	N 1,6	NNW 2,0	W 2,8	N 3,0	N 2,7	WSW 0,7	S 0,8	1,5
7	N 0,1	WSW 0,8	N 0,8	WNW 1,0	N 1,4	WNW 3,5	WNW 3,7	WNW 3,5	W 2,0	NW 1,0	NW 2,0	W 0,9	1,7
8	W 1,9	W 1,0	W 1,7	WNW 2,3	NNE 3,0	N 2,0	W 3,0	W 2,9	WNW 3,1	N 2,1	NNE 1,8	E 0,9	2,2
9	SW 0,8	S 0,6	ESE 1,7	E 2,2	ESE 2,2	E 3,3	E 3,5	ESE 2,7	SE 3,5	E 3,5	E 2,8	ESE 1,0	2,3
10	ENE 0,6	ESE 0,5	S 1,0	W 2,7	W 2,5	W 2,1	NNE 2,0	W 1,0	N 1,2	E 3,3	ENE 2,1	NNE 1,7	1,7
11	NNE 1,0	N 0,6	NNE 0,6	N 1,0	N 1,8	NNE 2,1	NNE 1,7	NNE 1,7	NNW 2,5	N 2,2	WNW 0,9	NW 1,5	1,5
12	NW 1,1	NNW 0,7	SW 0,8	SW 0,9	N 0,6	NNE 2,0	NNE 2,4	NNE 3,3	NNE 2,2	NNE 3,6	NNW 1,4	N 0,3	1,7
13	SW 0,2	SW 0,7	SW 0,8	SSW 1,3	NNE 1,2	NE 3,2	NE 2,6	E 2,2	E 2,8	ESE 2,7	ESE 1,6	NNW 0,4	1,6
14	N 0,4	SW 0,8	SSW 0,6	SSW 1,0	NNW 0,5	ESE 2,1	ESE 3,3	ESE 2,6	SE 2,8	SSW 2,2	S 1,8	S 1,2	1,6
15	SSW 0,8	SW 0,3	SSW 0,7	S 0,8	S 1,7	NW 3,0	NW 3,0	NNW 3,8	NW 3,1	NNW 3,0	NNW 1,5	NNW 1,7	2,0
16	N 0,8	SW 0,8	SW 0,5	NW 0,8	SSW 1,2	ESE 1,9	SSE 1,9	SSE 2,0	S 2,2	SSE 2,6	SSE 1,4	S 0,6	1,4
17	SSW 3,1	SW 1,6	W 3,5	SSW 0,9	WNW 2,3	SW 4,0	W 3,6	SW 0,8	NNE 1,4	W 1,0	W 3,7	W 0,8	2,4
18	W 0,7	W 1,4	WNW 3,0	WNW 2,0	WNW 1,4	W 2,0	SSW 2,3	SSW 2,7	SSW 3,4	SSE 1,6	SSW 0,7	SW 0,7	1,8
19	SSW 1,7	SSW 1,4	S 2,8	S 2,2	SW 3,9	W 4,5	W 5,5	W 5,0	W 3,5	W 2,6	W 4,0	SW 2,3	3,3
20	SW 2,7	WSW 3,0	WSW 3,7	WSW 4,3	SSW 5,0	W 3,3	W 5,3	W 3,1	WSW 2,9	W 3,2	WSW 2,6	WSW 2,8	3,5
21	W 2,0	WSW 1,2	WSW 0,8	NW 1,3	WNW 2,2	W 2,7	W 2,7	W 3,0	W 2,5	W 3,3	W 2,0	W 1,6	2,1
22	W 2,3	W 1,0	W 0,9	W 3,0	W 2,6	NNW 3,2	NNW 3,1	NW 3,0	W 3,4	W 3,2	NW 1,4	WNW 1,1	2,4
23	NNE 0,4	W 0,3	SSW 1,0	S 0,7	SSW 0,6	NNW 1,2	NNW 1,3	NW 2,3	ENE 2,5	ESE 1,4	SSW 0,4	SSW 0,7	1,1
24	SSW 0,4	SW 0,6	S 0,6	SSW 1,0	SSW 1,1	S 1,7	SE 1,8	SE 2,1	SSW 1,3	ESE 1,8	SE 0,8	SSW 1,0	1,2
25	SW 0,8	SSW 1,9	SSW 1,3	SSW 1,8	S 0,7	WNW 0,6	W 1,2	NNE 2,2	W 1,0	SSW 0,8	W 2,5	NNW 0,7	1,3
26	NNW 1,5	NNW 1,7	NNW 0,9	N 1,2	NNE 2,7	NNE 2,2	NNE 2,4	N 3,7	NNE 3,4	NNE 3,2	N 1,9	NNW 1,0	2,2
27	SSW 0,6	NNW 0,6	N 0,9	N 0,6	ENE 1,4	NE 2,3	E 2,8	ESE 3,3	E 3,6	ENE 3,6	ESE 2,2	SE 3,4	2,1
28	SE 1,9	SW 2,8	NNW 0,6	W 0,8	NNW 1,2	E 1,2	E 1,9	ESE 1,6	SE 1,6	SE 2,2	SE 2,7	SE 1,2	1,6
29	ESE 0,8	ESE 0,8	SW 0,6	NNW 0,7	ESE 0,9	SE 2,2	E 2,4	ESE 2,2	E 3,5	E 3,5	E 1,2	SSE 1,0	1,7
30	SSE 0,3	NE 0,7	N 0,6	N 1,0	NNE 1,0	NNE 1,3	ESE 2,1	SSW 2,2	— 1,0	— 1,3	— 0,4	W 0,6	1,0
M.M.	1,03	0,99	1,13	1,35	1,65	2,34	2,74	2,55	2,56	2,44	1,62	1,10	1,79

a) Directe Ablesungen.

Tag	Luftdruck auf 0° reducirt in Millim. = 700mm +				Lufttemperatur nach Celsius			
	7h	2h	9h	Tagesmittel	7h	2h	9h	Tagesmittel
1	43,1	42,4	41,7	42,39	21,7	30,3	22,5	24,83
2	43,0	43,7	44,5	43,71	20,2	26,7	21,8	22,90
3	45,4	42,2	41,4	42,97	17,8	26,6	19,8	21,40
4	40,8	39,7	42,8	41,13	20,0	20,7	16,1	18,93
5	45,5	45,8	45,7	45,65	13,4	18,3	15,2	15,63
6	44,3	42,7	41,1	42,68	15,4	24,1	20,5	20,00
7	39,5	39,2	42,7	40,45	19,0	27,2	18,1	21,43
8	43,9	45,0	45,6	44,83	16,0	18,2	17,4	17,20
9	46,5	45,7	46,8	46,32	17,2	23,9	20,2	20,43
10	47,6	47,4	48,4	47,80	17,6	22,1	18,6	19,53
11	49,3	49,7	50,6	49,87	16,3	20,1	15,3	17,23
12	50,6	49,0	48,2	49,28	13,8	20,9	16,5	17,07
13	47,0	44,6	44,2	45,27	14,2	19,8	16,0	16,66
14	42,7	41,3	40,6	41,52	16,1	21,5	16,7	18,10
15	39,3	39,5	39,6	39,46	10,6	20,2	18,2	16,23
16	39,5	39,8	40,2	39,84	15,8	19,4	16,7	17,30
17	40,9	41,6	42,0	41,47	17,0	17,1	17,2	17,10
18	41,6	41,5	41,6	41,56	16,4	21,8	17,8	18,66
19	41,7	38,9	38,4	39,49	15,8	25,4	19,7	20,30
20	38,6	36,8	36,5	37,31	18,0	28,3	22,9	23,07
21	37,1	37,9	39,0	37,99	17,9	23,2	19,3	20,13
22	41,4	42,5	43,7	42,44	17,8	23,5	18,6	19,97
23	45,9	45,8	46,2	45,97	18,0	23,2	19,4	20,20
24	45,5	45,3	46,4	45,73	17,6	20,3	17,8	18,57
25	46,6	45,2	43,8	45,18	17,3	23,4	20,9	20,53
26	43,7	43,8	44,1	43,83	18,1	25,6	19,2	20,97
27	42,8	41,3	40,4	41,48	16,8	16,7	16,6	16,70
28	40,2	41,1	42,4	41,22	15,7	17,1	16,0	16,27
29	43,9	44,9	43,3	44,03	14,2	13,3	13,7	13,73
30	41,3	40,8	40,7	40,95	12,9	15,3	14,9	14,37
31	40,1	39,9	40,4	40,10	15,0	19,2	16,0	16,73
Mittel	43,18	42,72	42,99	42,96	16,73	21,77	18,05	18,85

Tag	Dunstdruck in Millimetern				Relative Feuchtigkeit				Richtung und Stärke des Windes (Scala: 0—10)		
	7h	2h	9h	Tagesmittel	7h	2h	9h	Tagesmittel	7h	2h	9h
1	14,0	13,5	15,3	14,3	73	47	76	64	SSW 3	N 4	SSE 4
2	13,1	12,3	11,5	12,2	74	47	58	60	— 0	NW 4	WNW 1
3	11,6	13,0	13,8	12,8	76	50	90	69	N 2	SSE 4	N 2
4	13,2	10,1	8,8	10,7	76	55	64	65	SSW 1	N 6	W 3
5	6,9	6,0	8,0	6,9	60	39	62	54	W 4	WNW 4	SW 2
6	9,0	8,6	11,1	9,2	61	38	62	54	SW 1	WSW 4	SW 1
7	10,8	9,3	8,7	9,9	66	35	63	55	SSW 4	SW 6	NNW 2
8	8,7	8,9	9,4	9,0	64	58	64	62	NE 1	NE 1	— 0
9	10,7	8,7	9,8	9,7	73	39	55	56	S 1	W 1	NW 1
10	10,0	10,7	10,8	10,5	67	53	68	63	S 1	ENE 3	W 1
11	10,2	6,9	7,8	8,2	74	39	58	57	NW 1	NW 2	NW 2
12	8,7	7,4	8,9	8,3	71	41	64	59	N 1	N 4	NW 2
13	9,1	8,9	10,7	9,6	76	52	79	69	N 2	NW 4	N 3
14	9,2	8,7	10,6	9,5	67	46	74	62	N 3	W 1	SSW 3
15	10,2	10,0	9,8	10,0	77	54	63	65	SSW 2	NW 3	WNW 2
16	11,5	10,0	10,8	10,8	86	60	76	74	S 2	W 4	W 2
17	11,2	11,7	11,4	11,4	78	81	78	79	W 3	W 4	W 2
18	11,1	9,4	11,9	10,8	80	48	78	69	W 1	NW 3	NNE 1
19	11,6	7,5	12,0	10,4	87	31	70	63	SW 1	W 4	— 0
20	10,0	11,3	13,8	11,6	65	39	86	57	— 0	SW 1	— 0
21	13,0	13,1	11,5	12,5	85	63	69	72	SSW 2	WNW 2	W 2
22	11,0	9,6	10,5	10,4	72	44	66	61	SW 3	SW 5	W 2
23	11,0	9,6	10,7	10,4	72	45	64	60	SSW 1	W 5	SSW 2
24	11,3	10,5	11,6	11,1	75	56	76	69	SW 3	NNW 2	WNW 3
25	11,6	9,9	11,7	11,1	79	46	66	63	W 2	N 3	SSE 1
26	12,0	8,1	9,6	9,9	77	33	58	56	— 0	NW 4	— 0
27	9,7	13,4	12,6	11,8	68	95	89	84	SW 1	NW 2	— 0
28	12,0	10,6	9,6	10,7	90	73	71	78	NW 1	W 1	NW 2
29	9,4	11,0	11,5	10,6	78	97	99	91	W 3	W 4	W 6
30	11,1	11,1	12,1	11,4	100	86	96	94	NW 3	W 5	W 3
31	11,3	12,5	11,8	11,9	89	75	87	84	NNW 2	NNW 1	NNW 1
Mittel	10,7	10,1	10,9	10,6	75	57	71	64	1,9	3,3	1,8

Tag	Bewölkung (Skala: 0 = heiter, 10 = trüb) und Wolkenzug 7h	2h	9h	Tagesmittel	Niederschlag in Millimetern	Bemerkungen.
1	FS 9 E	FH 4 W	S 10 ···	7,7	2,3	Morgens m$_2$ u. Dunst, 4½h [ζ u. ●. 9h ≺ in SE.
2	FH 4 NW	FHS 4 W	S 4 ···	4,0	···	Morgens u. Abends m$_2$.
3	HS 10 N	FHS 7 ···	FH 5 W	7,3	···	20½h—21h ●tropfen, 4h [ζ, 6½h [ζ u. ●.
4	FHS 10 ···	HS 10 ···	HS 10 ···	10,0	···	Morgens m$_2$. Nachm. zeitw. stürmisch. 4h—6h ● m. Unterbrechungen.
5	FHS 8 NW	HS 9 SE	S 10 ···	9,0	···	
6	HS 9 ···	FHS 7 SW	HS 10 W	8,7	···	
7	S 10 ···	FHS 9 W	S 10 ···	9,7	···	
8	FHS 9 NE	S 10 ···	S 10 ···	9,7	···	Nachts ●.
9	FHS 9 SW	FH 8 W	FHS 6 NW	7,7	···	Morgens m$_2$.
10	HS 10 W	FHS 9 NW	HS 10 ···	9,7	···	6h—7h schwacher ●.
11	FHS 9 NW	FH 7 NW	FS 2 ···	6,0	···	
12	HS 2 ···	HS 9 NW	S 1 ···	4,0	···	Morgens m$_2$.
13	FH 7 N	FHS 7 NE	FH 2 ···	5,3	···	
14	FHS 3 ···	HS 10 ···	FS 4 ···	5,7	2,9	5h u. Nachts ●.
15	S 10 ···	FH 9 NW	S 10 ···	9,7	3,3	Morgens m$_1$, Nachts ●.
16	S 10 ···	HS 10 ···	S 10 ···	10,0	2,4	Vormittags, 4½h—5½h u. 6½h—7h ●.
17	HS 10 NW	S 10 ···	HS 10 NW	10,0	0,4	Vormittags ● mit Unterbrechungen, 1½h—2h ●.
18	FHS 9 ···	FHS 9 NW	FHS 8 ···	8,7	···	23h u. 4h ●.
19	S 10 ···	H 4 W	FHS 3 ···	5,7	···	Mittags Dunst, Abends m$_2$ am Horizont.
20	FHS 8 W	FH 6 W	HS 10 W	8,0	0,7	Nachts [ζ u. ●.
21	S 10 ···	S 10 ···	FHS 9 ···	9,7	0,6	19h—20h u. 23h—1h ●.
22	FHS 5 W	FHS 9 ···	FHS 8 ···	7,3	···	
23	FHS 9 W	FHS 8 W	S 10 ···	9,0	···	
24	HS 10 W	HS 10 NW	HS 10 NW	10,0	···	Morgens ● u. ⌒ im W, Nachmittags stürmisch.
25	FS 2 ···	FH 6 W	FS 3 ···	3,7	···	Abends dunstig.
26	HS 10 W	FH 8 W	FH 4 W	7,3	···	20h ●tropfen.
27	HS 10 SW	S 10 ···	S 10 ···	10,0	10,2	20½h, 0½h—2h u. 5h bis Nachts ●.
28	HS 10 N	HS 10 ···	HS 10 ···	10,0	5,3	23½h—1h, 3½h—4h u. Nachts ●.
29	S 10 ···	S 10 ···	S 10 ···	10,0	59,5	Tagsüber stürmisch u. ●, Nachts ●.
30	S 10 ···	S 10 ···	S 10 ···	10,0	15,0	19h—20½h, 0h, 2½h u. 4h bis Nachts ●.
31	HS 10 N	S 10 ···	HS 10 N	10,0	2,4	11½h Platzregen, 2½h—3h ●, 6h [ζ u. ●, 4h ●
Mittel	8,4	8,4	7,7	8,2	Σ 102,2	

b) Autographische Aufzeichnungen.

Luftdruck auf 0° reducirt in Millimetern = 700mm +

Tag	12h	14h	16h	18h	20h	22h	0h	2h	4h	6h	8h	10h	Tagesmittel	Max.	Min.
1	43,5	43,2	43,3	43,6	42,7	42,9	42,9	42,4	41,2	41,1	40,8	42,1	42,46	43,6	40,4
2	42,3	41,9	41,8	42,7	43,3	43,5	43,8	43,7	43,6	42,8	43,8	44,5	43,21	44,5	41,8
3	45,0	45,1	44,9	44,9	45,6	44,2	43,6	42,2	40,6	40,2	41,1	41,7	43,27	45,7	40,1
4	41,6	41,2	40,9	40,5	40,8	40,6	39,8	39,7	40,6	40,9	42,5	43,3	41,05	44,0	39,1
5	43,9	44,3	44,8	45,2	45,9	46,2	46,3	45,8	45,5	45,3	45,5	45,5	45,24	46,3	43,9
6	45,4	45,0	44,7	44,6	44,5	43,9	43,2	42,7	41,9	41,6	41,3	40,9	43,30	45,4	40,8
7	40,6	40,1	39,5	39,4	39,4	39,4	39,3	39,2	39,9	41,5	42,1	42,9	40,39	42,9	39,2
8	43,2	43,4	43,4	43,8	44,0	44,6	44,8	45,0	44,9	44,9	45,2	45,5	44,39	45,6	43,2
9	46,5	46,2	46,1	46,3	46,7	46,6	46,0	46,7	46,3	46,1	46,3	47,0	46,18	47,0	45,2
10	47,2	47,3	47,4	47,5	47,9	47,9	47,8	47,4	47,7	47,7	48,1	48,5	47,68	48,5	47,2
11	48,9	48,6	48,7	49,2	49,6	50,2	49,8	49,7	49,7	49,8	50,3	50,8	49,61	50,8	48,6
12	51,0	50,9	50,6	50,6	50,5	50,1	49,6	49,0	48,6	48,4	48,1	46,2	49,65	51,0	47,9
13	48,3	48,1	47,4	47,2	46,8	46,0	45,3	44,6	43,9	43,9	43,9	44,3	45,81	48,5	43,7
14	44,2	43,6	42,7	42,8	42,5	42,1	41,6	41,3	41,2	40,9	40,7	40,3	42,01	44,2	40,3
15	40,1	39,9	39,5	39,4	39,3	39,4	39,4	39,3	39,1	39,1	39,6	39,9	39,52	40,1	38,9
16	40,2	40,3	39,7	39,6	39,7	39,9	40,0	39,6	39,4	39,7	40,2	40,2	39,88	40,5	39,4
17	39,9	39,6	39,8	40,6	41,0	41,0	41,1	41,8	41,8	41,6	42,7	41,9	40,96	41,9	39,5
18	41,9	41,7	41,3	41,4	41,7	41,9	41,8	41,6	41,7	41,1	41,1	41,5	41,51	42,0	41,0
19	41,3	41,2	41,0	41,1	41,2	40,8	39,8	38,9	38,3	38,1	38,0	38,4	39,84	41,3	37,9
20	38,5	38,5	38,5	38,6	38,5	38,2	37,6	36,8	36,5	36,3	36,3	36,5	37,56	38,8	36,3
21	36,1	38,1	36,1	37,0	37,2	37,2	38,1	37,9	37,7	38,1	39,1	39,4	37,80	39,4	35,5
22	40,2	40,8	40,8	41,1	41,8	42,4	42,1	42,5	42,9	42,9	43,3	44,1	42,08	44,1	40,2
23	41,5	44,6	45,0	45,7	46,2	46,2	45,8	45,8	45,4	45,3	46,1	46,1	45,60	46,2	44,5
24	46,1	45,7	45,4	45,4	45,5	45,4	45,4	46,5	45,1	45,1	46,0	46,4	45,58	46,4	45,0
25	46,4	46,5	46,5	46,5	46,7	46,6	46,2	45,2	44,4	43,8	43,6	43,9	45,52	46,8	43,6
26	43,4	43,2	42,8	43,4	44,2	44,5	44,3	43,8	43,4	43,4	44,8	44,1	43,69	44,6	42,8
27	44,0	43,8	43,4	43,0	42,9	42,2	41,7	41,2	40,6	40,3	40,5	40,5	42,02	44,0	40,1
28	40,5	40,2	40,1	40,2	40,8	41,0	41,1	41,1	41,4	41,6	41,9	42,8	41,04	42,8	39,9
29	43,1	44,0	44,2	43,8	44,4	44,7	44,9	44,9	44,4	43,3	43,8	42,8	43,95	44,9	42,8
30	42,7	42,0	41,5	41,0	40,6	41,1	41,3	40,8	41,2	40,4	40,8	40,5	41,13	42,3	40,5
31	40,4	40,2	40,1	40,3	40,2	40,2	40,1	39,6	40,0	40,2	40,3	40,5	40,19	40,5	39,4
Mittel	44,21	44,09	42,91	43,11	43,29	43,25	43,00	42,73	42,50	42,49	42,75	43,07	42,96	44,35	41,37

Tag	Lufttemperatur nach Celsius														
	12h	14h	16h	18h	20h	22h	0h	2h	4h	6h	8h	10h	Tages-mittel	Max.	Min.
1	21,5	20,4	19,7	20,7	23,0	26,3	29,0	30,3	30,7	30,1	26,5	21,5	24,98	31,2	19,7
2	20,5	19,6	18,9	19,3	22,4	24,7	25,9	26,7	26,7	26,2	22,9	21,2	22,92	26,7	18,9
3	19,4	17,9	17,0	16,9	18,6	21,2	24,3	26,6	27,5	22,4	20,4	19,8	21,00	28,2	16,7
4	19,0	18,9	18,4	18,9	20,3	21,1	22,9	20,7	18,0	17,9	16,1	16,1	19,03	24,0	14,7
5	14,7	15,0	11,9	12,2	14,3	15,3	16,2	18,3	17,1	16,7	15,7	14,8	15,02	18,3	11,8
6	14,2	15,4	12,7	14,0	17,0	21,1	23,0	24,1	24,4	25,4	21,6	19,6	19,04	24,4	12,5
7	18,5	17,8	17,3	18,3	20,0	24,2	26,2	27,2	25,0	20,5	19,0	16,6	20,92	27,4	15,2
8	15,2	14,8	14,3	15,3	16,8	17,2	18,1	18,2	18,5	18,3	17,6	16,8	16,76	18,7	14,3
9	16,7	16,0	15,9	16,2	18,3	20,1	22,5	23,9	25,2	24,1	21,4	19,5	19,98	25,2	15,9
10	16,7	17,3	16,7	17,1	17,8	19,2	21,1	22,4	22,0	20,6	18,7	18,3	19,22	22,4	16,0
11	16,0	14,8	14,5	15,2	16,9	17,1	20,0	20,4	19,6	17,9	16,3	14,4	16,95	20,4	13,4
12	13,4	12,5	11,3	12,1	16,4	18,9	19,8	20,9	21,0	20,0	17,7	15,8	16,65	21,2	11,2
13	14,5	13,5	12,6	13,0	15,5	18,4	19,2	19,8	20,8	20,2	17,3	15,4	16,68	20,8	12,5
14	15,0	14,8	14,1	15,2	18,2	20,8	21,1	21,5	17,0	19,2	18,0	16,2	17,62	21,5	14,2
15	15,3	14,9	14,6	15,1	15,5	17,6	19,2	20,9	21,7	21,0	19,2	18,2	17,77	22,7	14,6
16	17,4	16,2	15,5	15,3	16,2	17,3	17,9	19,4	20,3	18,1	17,1	16,4	17,26	20,4	15,1
17	16,2	16,2	16,0	16,2	17,0	18,4	19,3	17,1	17,2	17,2	17,2	17,1	17,09	19,9	16,0
18	16,8	15,9	15,5	16,0	17,2	19,1	19,9	21,8	21,1	20,9	18,7	17,4	18,36	22,0	15,1
19	16,6	15,6	14,7	15,2	16,4	19,5	24,7	25,4	25,9	25,5	21,5	18,9	19,93	26,1	14,4
20	17,1	16,4	15,7	16,3	19,8	24,3	27,0	28,3	28,5	28,2	23,8	22,3	22,31	28,5	15,6
21	21,3	21,5	18,6	18,0	18,2	21,5	21,3	23,2	25,2	22,4	20,6	18,1	20,83	25,2	16,9
22	16,9	16,1	16,8	16,7	19,3	21,4	23,7	23,5	20,8	21,5	20,3	18,2	19,52	23,7	15,8
23	16,2	16,5	16,0	17,1	18,5	21,0	22,3	23,2	23,0	22,6	19,6	18,6	19,58	23,2	16,0
24	17,6	17,4	17,1	16,9	17,8	19,2	20,1	20,3	21,1	20,7	17,7	17,3	18,60	21,4	16,9
25	16,9	16,3	15,9	16,3	18,8	20,7	22,1	23,4	24,5	25,0	22,1	19,8	20,15	25,4	15,9
26	18,0	17,1	16,6	17,2	19,0	20,2	24,3	25,6	25,1	23,7	20,9	18,1	20,54	25,6	16,1
27	16,1	15,8	15,8	16,4	18,4	21,3	19,9	16,7	18,0	16,7	16,6	16,6	17,36	21,3	15,8
28	16,2	15,8	15,5	15,4	15,8	17,8	15,5	17,1	17,1	16,9	16,1	15,8	16,25	18,0	15,3
29	15,4	14,9	14,3	13,9	14,0	13,6	13,5	13,3	13,9	13,7	13,7	14,0	14,02	15,4	13,1
30	13,1	12,5	12,6	12,8	13,0	13,8	14,3	15,3	15,1	15,0	14,9	15,0	13,95	15,3	12,4
31	14,9	14,2	13,9	14,1	16,1	17,1	19,4	19,2	18,7	18,0	16,5	15,6	16,48	19,7	13,9
M.M.	16,75	16,06	15,53	15,91	17,64	19,70	21,07	21,76	21,64	20,79	18,89	17,53	18,60	22,70	15,04

Tag	Richtung (*R*), Geschwindigkeit (*G*) des Windes in 1 Secunde in Metern.												Tages-mittel
	12h *R G*	14h *R G*	16h *R G*	18h *R G*	20h *R G*	22h *R G*	0h *R G*	2h *R G*	4h *R G*	6h *R G*	8h *R G*	10h *R G*	*G*
1	SSW 0,8	WSW 1,7	SSW 1,2	SSW 0,4	SSW 1,0	N 2,0	NNE 1,8	N 2,8	NNW 2,6	NNW 1,4	NW 1,5	SW 3,3	1,7
2	S 1,9	SSW 2,7	SW 2,8	NNE 0,9	WNW 1,2	WNW 2,4	WNW 2,5	NNW 3,3	NNW 3,7	NNW 3,0	NNE 2,4	NNW 0,8	2,4
3	N 1,0	NNE 2,2	N 1,8	NE 1,5	NW 1,1	S 1,8	WNW 1,0	W 1,5	S 2,2	E 2,0	N 2,0	WNW 0,8	1,6
4	SW 1,0	SW 1,0	WSW 1,3	WSW 0,7	SSW 1,1	NNW 3,0	W 2,2	NNW 6,0	WNW 2,8	WNW 1,6	NW 2,0	WNW 2,3	2,1
5	W 4,0	W 3,5	W 2,4	W 3,4	W 4,3	W 2,8	W 4,2	W 3,9	W 2,7	WNW 2,2	W 2,1	W 2,2	3,1
6	WSW 2,7	SW 3,7	SSW 4,1	SSW 4,3	SSW 3,7	SSW 5,9	SSW 3,8	SSW 3,9	SW 2,6	W 4,0	W 0,7	SSW 1,6	3,5
7	SSW 1,7	SSW 3,2	SSW 3,1	S 2,6	SSW 2,8	WSW 5,5	WSW 5,2	WSW 5,0	W 4,2	N 2,2	WNW 1,2	WSW 2,0	3,2
8	NNW 0,8	NW 0,4	NW 0,4	SSW 0,5	NNW 1,0	NNW 1,1	NNW 1,1	NNW 0,8	WSW 1,0	N 0,8	ENE 0,9	S 0,4	0,8
9	SW 0,7	NNW 0,8	WNW 0,6	NNW 0,3	SSW 1,6	SW 1,4	WSW 2,7	W 2,0	W 2,0	WNW 2,9	NW 1,6	NW 0,4	1,3
10	SSW 1,2	SSW 0,8	SSW 1,2	S 1,0	S 0,3	N 1,5	N 1,6	NNE 2,5	NNE 2,5	NNE 1,8	NW 0,8	W 1,2	1,4
11	NW 0,9	W 0,6	SW 1,5	WSW 0,8	NNW 3,0	NNW 2,6	NNW 3,0	NNW 3,8	NNE 3,7	NNE 4,5	NNE 3,0	NNW 0,9	2,4
12	WSW 0,5	NW 0,7	SW 1,1	SW 1,2	NNE 1,7	NNW 2,6	NNW 2,5	NNE 2,8	NNE 4,1	NNE 2,0	NNE 1,2	NNE 0,9	1,8
13	NNE 1,6	NNE 2,2	NNE 1,4	NNE 1,7	NNE 2,2	NNE 4,5	NNE 1,2	NNE 3,7	NE 3,8	NNE 2,7	NNE 2,1	NE 2,0	2,7
14	N 0,7	SW 0,7	N 0,6	N 2,1	NNE 1,3	NNE 2,4	NNE 3,3	NNE 2,2	ENE 0,4	NNW 1,2	NNW 0,6	SSW 0,9	1,4
15	S 0,6	SSW 1,0	SSW 1,0	N 0,4	SSW 1,8	WSW 2,1	WNW 2,8	WNW 3,0	NW 2,3	NNW 3,0	WNW 1,7	N 0,3	1,7
16	WSW 0,8	W 0,7	SSW 1,4	SSW 1,6	SW 2,9	WSW 3,0	WNW 3,1	W 2,8	W 4,1	W 2,9	W 3,9	SW 3,0	2,5
17	SW 2,5	WNW 3,5	WNW 3,6	WNW 2,2	W 3,6	WNW 4,7	WNW 3,9	WNW 3,8	W 3,6	W 3,3	WNW 1,9	W 2,4	3,2
18	W 1,9	W 2,8	W 1,3	W 3,0	WNW 2,0	WNW 2,1	WNW 1,3	WNW 2,8	WNW 2,1	NNE 1,3	NNE 0,8	ESE 0,6	1,9
19	SSW 0,4	NNE 0,3	WSW 0,8	SSW 0,3	WSW 1,5	SE 0,9	W 3,2	W 2,6	W 2,2	W 1,2	SW 0,4	SSW 0,5	1,2
20	S 0,7	S 0,8	SW 0,6	SSW 0,4	SSW 1,3	SSW 1,3	SSW 2,4	SSW 3,5	W 2,6	WSW 2,0	WNW 0,4	SSW 0,4	1,5
21	N 0,5	W 4,0	W 4,3	WSW 2,0	SW 2,2	W 3,3	WSW 3,8	WSW 2,7	WSW 3,3	W 2,9	SW 2,2	SW 4,0	2,9
22	SW 5,0	SW 2,7	SW 3,1	S 2,0	WSW 3,7	WSW 3,6	WSW 3,9	WSW 4,8	SW 3,5	WSW 3,1	SW 2,1	SW 3,7	3,5
23	SW 4,2	WSW 2,8	SW 1,5	W 3,5	W 2,7	WNW 2,6	WNW 3,1	WNW 3,7	WNW 3,0	WNW 2,2	NW 1,2	SW 2,7	2,8
24	SW 3,0	SW 3,3	WSW 4,7	WSW 3,6	W 5,0	W 5,0	W 5,0	W 5,0	W 5,2	W 4,0	W 2,2	W 2,8	4,0
25	WNW 2,3	WNW 1,8	WNW 1,3	W 0,8	WNW 1,6	NE 1,9	N 1,7	NNE 2,0	N 1,0	ENE 1,7	SE 0,6	S 0,5	1,4
26	SSW 0,4	S 1,2	S 0,7	N 0,3	NW 1,0	WNW 2,4	NW 1,9	WNW 2,2	WNW 3,7	N 2,1	NNW 0,4	WSW 1,0	1,5
27	SSW 1,2	S 0,7	SSW 0,7	SSW 1,0	S 1,8	W 1,7	NNE 1,6	NNW 2,2	N 0,8	WSW 0,1	SSW 0,1	SSW 1,1	1,1
28	S 0,3	WSW 0,6	NNW 0,6	NNW 0,6	NNW 1,6	NNW 2,1	NW 1,9	NW 2,5	WNW 3,2	WNW 2,7	W 2,3	W 2,6	1,8
29	W 2,9	W 2,7	W 3,9	W 3,0	W 4,0	W 3,5	W 5,0	W 3,9	W 5,4	W 4,3	W 5,0	W 6,5	4,1
30	W 6,4	W 5,6	W 5,0	W 3,7	W 5,5	W 4,2	W 4,3	W 4,6	W 3,2	W 2,9	NW 1,6	WNW 1,8	4,1
31	NNW 2,1	NNW 1,5	NNW 1,3	N 2,0	NNW 2,0	N 2,0	N 2,2	NW 1,9	WNW 1,0	NW 1,1	NW 0,8	W 1,1	1,6
M.M.	1,77	1,94	1,88	1,69	2,27	2,77	2,97	3,17	2,86	2,35	1,62	1,76	2,25

a) Directe Ablesungen.

Tag	Luftdruck auf 0° reducirt in Millim. = 700mm + 7h	2h	9h	Tagesmittel	Lufttemperatur nach Celsius 7h	2h	9h	Tagesmittel
1	39,5	39,1	39,8	39,54	15,9	19,3	17,1	17,40
2	40,7	41,2	42,9	41,64	16,0	22,3	18,5	18,93
3	43,9	45,6	47,4	45,64	16,8	20,8	19,4	18,99
4	49,5	49,1	48,4	49,03	16,3	22,7	19,9	19,73
5	48,4	46,4	45,0	46,39	15,0	26,3	20,3	20,40
6	45,1	43,7	44,9	44,31	17,5	27,1	21,2	21,88
7	45,4	45,7	45,5	45,56	17,4	23,7	20,9	20,97
8	44,2	41,8	40,9	42,30	19,0	26,5	20,1	21,37
9	39,9	39,8	41,3	40,32	18,0	20,3	17,6	18,70
10	43,7	43,8	46,3	44,60	16,8	23,6	19,2	19,80
11	46,2	47,4	47,2	47,00	16,0	25,2	19,4	20,20
12	45,8	43,6	44,8	44,73	16,0	27,5	23,1	22,30
13	48,6	48,8	48,5	48,59	17,6	22,7	18,9	19,73
14	48,5	46,7	46,5	47,27	16,4	24,6	18,2	19,60
15	42,9	43,7	41,2	42,60	17,2	25,9	21,8	21,63
16	38,5	39,5	43,3	40,43	18,2	23,1	19,5	20,27
17	48,0	47,2	46,6	47,24	15,8	22,8	18,6	18,97
18	43,3	43,2	42,6	43,03	16,4	25,7	21,4	21,17
19	40,6	38,7	40,5	39,99	17,4	28,9	19,7	21,53
20	43,6	44,8	44,9	44,44	14,8	16,4	15,0	15,40
21	44,2	41,6	41,4	42,40	13,6	21,4	17,9	17,63
22	40,6	40,1	38,9	39,85	16,8	26,3	18,6	20,07
23	40,1	40,9	41,9	40,96	14,2	15,6	14,8	14,90
24	42,7	42,8	43,6	43,04	14,8	19,0	15,5	16,45
25	44,2	42,9	42,9	43,32	11,6	20,4	16,0	16,00
26	43,9	43,1	44,2	43,74	14,8	19,6	15,8	16,07
27	45,1	45,0	45,8	45,29	13,2	19,9	16,2	15,55
28	46,9	45,5	45,8	46,06	16,0	22,1	17,4	18,20
29	43,6	43,0	44,9	43,80	17,0	20,2	16,4	17,87
30	44,4	43,3	42,8	43,49	16,0	21,6	19,4	18,47
31	43,3	42,3	44,8	43,47	16,6	24,0	17,0	19,30
Mittel	44,26	43,56	44,01	43,94	16,08	22,56	18,48	19,00

Tag	Dunstdruck in Millimetern 7h	2h	9h	Tagesmittel	Relative Feuchtigkeit 7h	2h	9h	Tagesmittel	Richtung und Stärke des Windes (Scala: 0 — 10) 7h	2h	9h
1	11,2	10,9	12,0	11,4	84	46	85	77	W 2	W 2	W 1
2	11,5	10,0	12,0	11,2	85	50	76	70	— 0	N 2	WSW 1
3	15,8	13,6	14,5	14,6	98	75	87	87	NNW 2	N 4	N 3
4	10,9	6,8	11,6	9,7	78	30	69	59	NNW 1	E 2	— 0
5	10,5	10,3	12,0	11,3	85	43	71	66	— 0	E 2	— 0
6	10,8	8,7	11,2	10,2	74	33	61	56	ENE 1	ESE 3	ESE 1
7	11,8	13,0	14,5	13,1	80	60	79	74	— 0	NW 1	N 1
8	13,4	13,7	12,7	13,3	89	54	73	72	— 0	SSW 2	SW 1
9	13,2	11,4	11,1	11,9	86	64	73	74	SSW 2	SW 3	SW 5
10	10,5	8,7	11,6	10,3	74	40	75	63	SW 3	W 5	S 2
11	10,7	10,0	12,5	11,1	79	42	74	65	SSE 1	SW 3	— 0
12	11,0	11,8	14,0	12,3	81	45	67	64	NE 1	W 1	NW 2
13	12,9	11,6	12,6	12,4	86	56	76	73	NW 1	E 2	— 0
14	12,1	13,3	14,3	13,2	87	53	92	77	— 0	SE 2	NW 2
15	13,4	12,8	15,8	13,9	92	53	80	75	SSW 2	E 1	SE 1
16	13,1	11,8	14,0	13,0	84	56	83	74	NE 1	WNW 5	NNW 4
17	10,9	9,7	11,7	10,8	82	50	73	68	S 1	S 3	SE 1
18	11,3	11,6	12,3	11,7	81	48	65	65	S 2	S 2	SSW 2
19	12,7	14,9	14,3	14,0	86	57	84	76	E 1	WNW 3	NNW 1
20	10,9	10,6	10,8	10,8	87	76	86	83	WNW 2	WNW 1	W 2
21	9,7	10,1	11,8	10,5	85	54	77	72	SW 1	WSW 4	SW 2
22	12,5	11,3	12,5	12,0	79	53	79	70	SW 2	SW 4	SSW 3
23	9,9	10,3	10,7	10,3	88	78	87	82	W 1	NW 1	SW 2
24	10,9	10,7	11,8	11,1	87	65	90	81	SW 1	SW 2	WSW 1
25	9,2	10,8	12,1	10,7	91	61	89	80	SE 1	SSW 1	— 0
26	10,9	10,3	10,7	10,6	87	61	92	80	SSW 1	SSW 2	— 0
27	9,2	10,4	12,8	10,8	95	63	94	83	S 1	SW 2	— 0
28	12,8	13,8	14,6	13,4	96	70	98	88	— 0	NE 4	— 0
29	13,8	14,0	12,4	13,4	96	80	89	88	S 1	WSW 4	W 1
30	11,0	13,8	14,8	13,2	87	72	93	84	S 1	NW 1	SW 1
31	12,0	15,5	10,6	12,7	85	57	74	72	SSW 2	SW 4	SW 3
Mittel	11,6	11,4	12,6	11,9	85	57	80	74	1,1	2,5	1,3

Tag	Bewölkung (Scala: 0 = heiter, 10 = trüb) und Wolkenzug 7h	2h	9h	Tagesmittel	Niederschlag in Millimetern	Bemerkungen.
1	S 10 ···	FH 8 W	S 10 ···	9,3	0,3	7^h—$10\frac{1}{2}^h$ ●.
2	FHS 10 ···	FHS 9 NW	S 10 ···	9,7	0,8	Morgens $\equiv_1$.
3	HS 10 N	HS 10 ···	HS 8 ···	9,3	2,4	12^h—2^h ● mit Unterbrechungen, 6^h ●
4	F 1 ···	··· 0 ···	S 1 ···	0,7	···	Abends Dunst.
5	··· 0 ···	FH 2 SE	··· 0 ···	0,7	···	Morgens $\equiv_1$ u. ∆, Abends $\equiv_2$ am Horizont.
6	··· 0 ···	··· 0 ···	FS 4 ···	1,3	···	Morgens ∆, Abends Dunst.
7	F 2 ···	S 10 ···	HS 10 ···	7,3	···	7^h schwacher ●, Abendroth.
8	FHS 10 ···	FHS 9 S	HS 10 ···	9,7	4,4	Morgens $\equiv_2$, 6^h—10^h u. Nachts ●
9	HS 10 W	HS 10 ···	HS 9 ···	9,7	···	
10	HS 10 W	FHS 2 W	F 1 ···	4,1	···	Abends Dunst.
11	··· 0 ···	FH 5 W	··· 0 ···	1,7	···	Morgens $\equiv_1$.
12	··· 0 ···	··· 0 ···	FH 6 ···	2,0	5,2	Morgens Dunst, Nachts ●.
13	HS 10 ···	FH 8 ···	FS 3 ···	7,0	···	
14	HS 9 W	FHS 7 SW	HS 9 W	8,3	6,4	$8\frac{1}{2}^h$ ●, $8\frac{3}{4}^h$ <, 9^h ꓘ im S u. ● bis 11^h.
15	S 1 ···	FH 5 SW	FH 4 ···	3,3	···	Morgens $\equiv_1$.
16	HS 8 ···	HS 10 SW	S 10 ···	9,3	6,2	$0\frac{3}{4}^h$, 6^h, 9^h u. Nachts ●.
17	F 1 ···	FH 5 ···	··· 0 ···	2,0	···	
18	··· 0 ···	··· 0 ···	FS 3 ···	1,0	···	
19	F 1 ···	FHS 8 W	S 10 ···	6,3	20,2	7^h—9^h u. Nachts ●
20	HS 10 NW	S 10 ···	S 10 ···	10,0	10,4	Tagsüber ● mit Unterbrechungen.
21	FH 5 W	HS 9 ···	S 10 ···	8,0	···	$6\frac{1}{2}^h$—9^h ●.
22	FH 6 W	FH 3 W	S 3 ···	4,0	2,8	7^h ●, 9^h < im S, Nachts ●
23	HS 10 SW	HS 10 N	S 10 ···	10,0	7,8	10^h—7^h u. Nachts ●.
24	HS 10 NW	S 10 ···	FS 4 ···	8,0	0,4	12^h, 2^h u. 4^h ●tropfen, Abends $\equiv_1$.
25	··· 0 ···	FHS 7 W	··· 0 ···	2,3	···	Morgens $\equiv_1$.
26	HS 10 SW	FHS 9 SW	S 2 ···	7,0	2,4	10^h ●, $3\frac{1}{2}^h$ ꓘ u. ● bis 6^h, Abends $\equiv_1$.
27	FS 6 W	S 10 ···	HS 10 ···	8,7	···	Morgens $\equiv_1$, 12^h, 2^h—6^h ● [Nachts ●.
28	S 10 ···	S 10 ···	S 4 ···	8,0	12,4	Morgens $\equiv_1$, 2^h ●tropfen, 3^h—6^h ●, Abends $\equiv_1$.
29	S 10 ···	HS 10 ···	··· 0 ···	6,7	2,3	12^h, $1\frac{1}{2}^h$ u. 2^h ●, Abends $\equiv_1$.
30	H 8 W	FHS 7 NW	FS 3 ···	6,7	···	9^h ●, 9^h < im N u. NE.
31	FS 4 W	FH 5 SW	··· 0 ···	3,0	0,4	4^h ●.
Mittel	6,9	6,7	5,1	6,0	84,8	

b) Autographische Aufzeichnungen.

Luftdruck auf 0° reducirt in Millimetern = 700mm +

Tag	12^h	14^h	16^h	18^h	20^h	22^h	0^h	2^h	4^h	6^h	8^h	10^h	Tagesmittel	Max.	Min.
	mm	mm	mm	mm	mm	mm	mm	mm	mm	mm	mm	mm	mm	mm	mm
1	40,9	40,1	39,9	39,8	40,0	40,0	39,7	39,1	39,0	39,1	39,6	39,9	39,76	40,9	39,0
2	40,0	40,1	40,2	40,6	41,0	41,3	41,4	41,2	41,2	41,6	42,2	43,0	41,15	43,0	40,0
3	43,5	43,4	43,5	43,6	44,2	45,0	45,4	45,6	46,0	46,4	47,2	47,5	45,11	47,5	43,4
4	48,0	48,3	48,6	49,2	49,8	49,8	49,3	49,1	48,7	48,2	48,2	48,6	48,68	49,5	48,0
5	48,8	48,6	48,4	48,5	48,4	48,0	47,3	46,4	46,5	44,9	44,9	45,1	47,07	48,8	44,9
6	45,1	45,1	45,0	44,9	45,0	44,8	44,3	43,7	43,1	43,2	44,0	44,5	44,39	45,2	43,0
7	44,7	46,0	44,9	45,1	45,6	45,7	46,2	45,7	46,4	45,0	45,4	45,5	45,31	45,9	44,6
8	45,1	44,8	44,4	44,2	44,1	43,5	42,8	41,8	41,0	40,5	40,7	40,5	42,81	45,9	40,4
9	40,7	39,6	39,4	39,6	40,0	40,1	40,0	39,8	39,5	39,7	40,8	41,7	40,08	41,7	39,4
10	41,9	42,2	42,5	43,3	44,0	44,9	44,0	43,8	44,4	45,0	45,9	46,5	43,96	46,5	41,9
11	46,9	47,0	47,4	47,8	48,3	48,3	48,0	47,4	47,2	46,9	47,1	47,3	47,47	48,3	46,8
12	46,8	46,5	46,4	46,0	46,1	45,2	44,2	43,8	43,6	43,5	44,2	45,1	45,08	46,8	43,3
13	46,5	47,1	47,9	47,9	48,8	49,3	49,2	48,8	48,3	48,1	48,4	48,7	48,25	49,4	46,5
14	48,8	48,4	48,3	48,4	48,3	47,9	47,3	46,7	46,5	45,8	46,5	46,8	47,47	48,8	45,6
15	46,3	46,1	46,0	46,0	46,1	45,5	44,7	43,7	42,8	41,7	41,5	40,8	44,29	46,3	40,7
16	40,2	39,2	38,7	38,5	38,5	38,4	38,5	39,5	40,2	41,1	42,5	44,0	39,94	44,0	38,3
17	45,5	46,3	47,0	47,7	48,1	48,5	48,1	47,2	46,6	46,0	46,5	46,6	47,03	48,5	46,0
18	46,6	46,1	45,7	45,4	45,2	45,1	44,5	43,3	42,5	42,2	42,4	42,7	44,30	46,6	42,2
19	42,5	41,8	41,2	41,0	40,1	38,6	38,9	38,7	38,7	39,5	40,4	40,5	40,24	42,5	38,7
20	41,0	41,9	42,5	43,4	43,6	44,7	45,2	44,8	44,6	44,6	45,1	45,1	43,88	45,3	41,0
21	45,2	44,9	44,5	44,3	43,8	43,8	42,9	41,9	41,4	41,2	41,3	41,2	43,01	45,2	41,2
22	40,9	40,4	40,0	40,2	40,7	41,0	40,4	40,3	39,4	38,9	39,0	38,8	39,98	41,0	38,8
23	39,4	39,4	40,0	39,5	40,2	40,5	40,7	40,9	41,0	41,2	41,4	41,9	40,53	41,9	39,4
24	42,3	42,1	42,0	42,3	42,8	43,2	42,9	42,8	42,8	42,9	43,4	43,8	42,77	43,8	41,8
25	44,0	43,9	43,8	44,0	44,2	44,2	43,6	42,9	42,2	42,0	42,5	43,3	43,38	44,3	41,9
26	43,4	43,5	43,5	43,7	44,0	43,9	43,8	43,1	43,7	43,2	44,0	44,3	43,63	44,3	43,2
27	44,4	44,6	44,7	44,9	45,2	45,3	45,1	45,0	44,8	45,1	45,5	46,0	45,05	46,0	44,4
28	46,2	46,5	46,5	46,6	46,9	46,6	46,2	46,6	46,7	45,6	45,8	45,4	46,12	47,0	45,4
29	44,7	44,4	43,6	43,5	43,6	43,4	43,4	43,0	43,3	44,8	44,7	45,0	44,37	45,0	43,0
30	44,9	44,7	44,2	44,3	44,8	44,2	43,7	43,4	42,8	42,2	42,5	42,7	43,65	44,9	42,2
31	42,9	42,9	42,9	43,2	43,2	43,2	42,7	42,3	41,9	43,1	44,1	45,0	43,14	46,0	41,8
Mittel	44,14	44,04	43,99	44,11	44,30	44,30	44,02	43,86	43,35	43,20	43,79	44,1[illegible]	43,92	45,48	42,49

Tag	Lufttemperatur nach Celsius														
	12h	14h	16h	18h	20h	22h	0h	2h	4h	6h	8h	10h	Tagesmittel	Max.	Min.
1	15,7	15,6	15,5	15,6	16,2	16,9	18,8	19,3	20,4	19,2	17,5	16,6	17,26	20,5	15,2
2	16,2	15,9	15,7	15,5	16,8	19,3	21,0	22,3	21,9	21,6	19,5	18,2	18,66	22,3	15,4
3	17,8	17,4	16,6	16,5	17,4	17,6	19,7	20,8	20,8	21,6	20,1	19,1	18,78	21,7	16,6
4	18,2	17,7	16,1	15,4	17,7	20,6	22,5	23,7	24,0	23,0	20,4	18,2	19,79	24,1	15,3
5	16,5	15,3	14,6	14,4	16,9	21,1	24,2	25,3	26,1	25,1	22,1	19,7	20,11	26,1	14,1
6	17,5	16,2	15,4	15,6	19,5	23,8	26,1	27,1	27,2	25,9	22,2	20,5	21,42	27,2	15,2
7	18,8	17,7	16,9	16,4	19,7	22,6	23,0	23,7	23,3	23,0	21,6	20,4	20,59	23,9	16,3
8	19,6	18,9	18,7	18,7	20,2	24,1	26,1	26,5	26,1	24,4	21,9	19,1	22,02	27,1	18,5
9	18,8	18,5	18,4	18,0	18,9	20,4	20,6	20,3	21,5	21,1	18,7	17,7	19,41	21,6	17,6
10	17,6	17,8	17,1	16,5	17,1	18,1	22,1	23,5	22,5	21,2	19,6	17,5	19,20	24,1	16,5
11	16,8	16,2	15,3	15,0	17,7	22,0	24,2	25,2	24,8	23,7	20,8	18,6	20,02	25,2	14,8
12	17,1	16,1	15,2	15,1	18,4	22,7	25,2	27,5	28,1	26,7	23,4	21,3	21,10	28,2	14,6
13	20,5	18,7	17,6	17,3	17,8	19,8	21,4	22,7	22,9	22,0	19,7	18,5	19,91	22,9	17,0
14	17,0	16,4	15,6	16,0	17,7	21,5	23,5	24,8	24,7	24,4	20,5	17,5	19,95	24,8	15,5
15	18,0	17,5	17,1	16,9	17,9	22,1	24,2	25,9	26,2	25,2	23,1	21,2	21,27	26,2	16,9
16	19,9	19,1	18,0	17,8	19,7	23,6	24,8	23,1	22,7	21,4	20,2	18,9	20,77	24,9	17,7
17	17,7	16,1	15,5	15,1	17,4	18,8	21,2	22,2	22,3	21,6	19,7	17,9	18,79	22,3	15,1
18	17,0	16,6	15,8	15,9	18,2	22,0	24,5	25,7	26,0	25,7	22,4	20,6	20,87	26,0	15,7
19	19,0	18,1	17,4	16,6	19,5	23,1	25,8	26,9	26,7	22,7	20,6	19,2	21,30	27,0	16,5
20	16,5	14,7	14,6	14,7	15,5	15,9	15,7	16,4	16,9	16,7	15,4	14,9	15,66	16,9	14,5
21	14,7	14,4	13,2	12,9	15,3	18,2	20,3	21,4	21,2	20,0	18,6	17,6	17,32	21,5	12,7
22	17,3	17,3	17,3	17,5	19,0	21,1	22,4	23,3	23,8	22,0	19,7	18,1	19,88	23,9	17,3
23	17,4	17,1	15,5	14,2	14,5	14,8	14,9	15,6	15,1	15,0	14,7	14,6	15,28	17,4	14,2
24	14,3	14,3	11,4	14,5	15,3	16,6	17,8	19,0	19,2	18,4	16,4	14,9	16,25	19,6	13,6
25	13,6	12,7	11,6	11,2	12,2	16,4	18,4	20,4	20,9	19,6	17,1	15,4	15,79	20,9	11,2
26	15,0	14,1	14,5	14,6	15,5	17,5	19,0	19,6	14,7	15,3	14,6	13,5	15,68	19,9	12,7
27	12,7	12,2	11,6	10,6	12,9	16,5	18,5	19,2	18,4	16,9	16,4	16,2	15,18	19,2	10,6
28	16,2	15,4	15,1	15,3	16,2	18,9	19,7	22,1	19,3	18,7	18,1	17,1	17,68	22,1	15,1
29	16,7	16,7	16,8	16,9	17,0	18,8	20,9	20,2	20,4	18,3	17,1	16,0	18,03	21,9	15,1
30	15,1	14,7	13,9	14,0	16,5	20,0	21,9	21,8	21,4	20,9	19,2	18,6	18,17	21,9	13,8
31	17,6	17,4	16,4	15,8	17,6	21,0	23,1	24,0	25,1	18,6	17,7	16,6	19,24	25,1	15,8
M.M.	16,99	16,35	15,72	15,49	17,17	19,87	21,66	22,57	22,41	21,31	19,32	17,88	18,89	23,11	15,29

Tag	Richtung (R), Geschwindigkeit (G) des Windes in 1 Secunde in Metern.												Tagesmittel
	12h R G	14h R G	16h R G	18h R G	20h R G	22h R G	0h R G	2h R G	4h R G	6h R G	8h R G	10h R G	G
1	W 1,6	W 1,6	SSE 1,0	WNW 1,4	W 2,0	WNW 2,8	WNW 2,7	WNW 2,8	W 4,0	W 2,3	NW 0,5	WNW 1,2	2,0
2	WNW 0,5	W 1,9	N 0,4	SSW 0,5	NNW 1,0	NNW 1,3	NNE 1,7	NNE 2,0	NW 2,6	NNW 2,6	NNW 1,1	NW 1,6	1,4
3	NNW 0,9	W 1,5	NW 0,9	WNW 2,2	NNW 2,5	N 2,7	N 2,9	N 3,9	N 3,1	N 2,0	NNW 2,0	NNW 2,5	2,3
4	NW 2,1	NNW 1,6	NNW 0,7	NNW 1,1	N 0,3	N 2,0	ENE 2,7	ENE 3,0	ENE 2,0	NNE 1,9	NNE 1,2	WNW 0,1	1,6
5	SW 0,3	SSW 0,7	SSW 0,8	S 0,5	SW 0,5	SE 1,2	ESE 2,0	ESE 2,0	E 2,9	ESE 2,7	SE 1,0	SSW 0,3	1,2
6	WSW 0,1	SW 0,3	NE 0,1	ESE 0,6	ESE 2,6	SE 2,6	SE 3,6	SE 2,8	SE 3,8	SSE 2,8	SSW 0,8	S 0,3	1,7
7	SSW 0,2	NNW 0,1	SSW 0,6	S 0,4	S 0,5	NNW 1,0	NNW 2,5	NW 1,5	NNW 1,9	NW 0,7	SE 0,3	N 0,5	0,9
8	NW 0,2	SSW 0,5	SSW 0,3	SSW 0,3	SSW 0,6	SSE 1,2	SW 2,1	SSW 2,1	SW 2,0	SSW 2,1	SSW 2,3	SSW 3,0	1,6
9	SSW 1,8	WSW 1,4	SSW 1,0	SSW 2,7	SSW 3,2	SW 4,6	WSW 3,5	SW 4,0	WNW 3,0	W 1,9	WSW 2,8	WSW 3,0	2,9
10	WSW 2,9	WSW 3,4	WSW 3,0	WSW 3,6	WSW 1,8	W 5,0	W 6,7	W 5,2	W 2,8	W 1,9	WSW 1,8	SSW 1,0	3,4
11	SSW 1,8	SSW 2,8	SSW 0,7	SSW 1,8	SSW 1,2	SW 1,4	WSW 1,7	SSE 2,2	W 1,6	SSW 1,5	SSW 0,2	S 0,2	1,4
12	S 0,1	SSW 0,5	SW 0,4	N 0,2	E 1,2	SSW 2,4	SW 1,7	W 1,8	W 2,4	WNW 2,5	W 0,1	NNW 2,8	1,4
13	WNW 1,6	WNW 1,8	N 1,0	N 1,0	WNW 0,7	N 3,1	NNE 3,3	NE 2,2	ENE 1,6	ESE 1,8	E 0,3	ENE 1,1	1,6
14	NNE 0,5	NE 0,7	ESE 1,2	N 0,5	ESE 0,9	ENE 1,3	ESE 1,9	SE 1,8	E 2,0	E 1,7	N 1,8	N 0,1	1,2
15	SW 1,0	N 0,6	WNW 0,3	SW 1,2	SSW 1,6	WSW 1,0	SSW 1,7	E 1,2	NE 0,9	ENE 1,4	SE 1,2	S 0,5	1,1
16	SSW 0,2	SE 0,5	SSE 0,6	WSW 0,7	SSW 0,6	NNW 0,6	NNW 1,0	W 4,0	W 3,0	W 1,5	W 1,1	NW 0,8	1,2
17	N 1,1	NNW 0,9	NW 0,6	SSW 1,0	S 0,8	NW 0,4	SSW 1,6	SSW 2,6	S 1,4	SSW 0,9	E 0,1	SW 0,2	1,0
18	SSW 1,9	S 1,1	S 1,6	S 2,0	S 2,0	S 2,0	S 3,0	S 3,3	SSW 2,2	W 2,0	SSW 1,3	SSW 0,4	1,9
19	SSE 0,6	S 0,9	NNE 1,0	ENE 1,9	NE 1,2	WNW 1,3	SSE 1,1	SW 2,0	WSW 1,2	NW 2,0	NNW 0,4	E 1,0	1,3
20	NW 3,7	NE 2,5	W 2,2	W 1,7	WNW 1,7	WNW 1,4	W 1,8	WNW 1,6	S 1,4	SSW 1,8	W 1,9	SSW 1,6	1,9
21	SSW 1,3	WSW 2,0	SSW 1,0	SSW 1,5	SSW 2,0	WSW 3,0	SW 4,0	SW 2,7	W 2,1	W 2,0	WSW 1,4	SW 1,9	2,1
22	SSW 1,4	SW 2,1	SW 2,2	WSW 3,6	WSW 3,5	SW 2,5	SSW 3,7	SSW 3,9	SW 3,5	SW 2,0	SW 3,6	SSW 3,3	2,9
23	SSW 0,8	W 2,7	WNW 1,9	NNW 1,0	NW 0,6	W 1,0	NNW 0,6	NW 1,5	SSW 1,4	SSW 1,1	SW 1,4	S 0,6	1,2
24	SSW 1,9	SSW 1,0	SSW 1,8	SW 0,7	SW 0,6	SW 0,5	WSW 1,1	WSW 1,7	WSW 1,3	WNW 0,2	WNW 0,2	WSW 0,4	1,0
25	S 1,2	SSW 0,8	SSW 1,0	S 1,1	SE 0,8	S 0,7	NNE 0,8	SSE 2,0	SE 2,9	ESE 3,1	SE 0,3	SW 1,2	1,3
26	SW 1,1	S 0,6	WNW 0,4	SSW 1,1	SSW 0,7	S 1,8	S 1,4	SSW 1,5	W 2,4	SSW 0,9	E 0,8	SSW 1,0	1,1
27	S 0,7	SSW 1,0	S 0,9	S 0,6	SSW 0,8	S 2,3	S 1,0	SSW 1,8	SSW 1,2	SSW 0,4	SW 0,2	S 0,1	1,1
28	SSW 0,3	WSW 0,8	SW 1,3	WSW 0,4	WNW 0,3	SSW 0,6	E 1,6	ENE 2,1	NW 0,4	S 0,5	ESE 0,2	ENE 0,1	0,7
29	N 0,1	NNW 0,4	NNW 0,5	SSW 0,6	SSE 0,7	SSW 1,2	W 3,1	W 2,8	W 3,1	NW 1,4	WNW 0,4	SSW 0,1	1,3
30	SSW 1,3	S 0,5	SSW 1,1	SSE 1,3	S 0,9	SSW 1,4	SSW 1,2	NE 1,0	NE 1,9	ENE 1,0	WNW 0,4	SW 0,4	1,0
31	SSW 2,1	SW 2,8	S 0,1	SSW 1,5	SSW 3,3	SSW 2,3	W 3,9	SW 3,8	SSW 3,2	SSW 1,2	SW 3,3	SSW 4,6	3,0
M.M.	1,14	1,29	1,09	1,26	1,45	1,82	2,36	2,48	2,27	1,81	1,14	1,14	1,60

a. Directe Ablesungen.

Tag	Luftdruck auf 0° reducirt in Millim. = 700mm +				Lufttemperatur nach Celsius			
	7h	2h	9h	Tagesmittel	7h	2h	9h	Tagesmittel
1	45,0	45,5	44,8	45,01	15,4	21,6	16,1	17,70
2	42,8	41,3	42,5	42,19	14,7	25,8	16,5	19,00
3	42,8	41,7	39,6	41,34	18,3	24,2	18,1	20,18
4	40,5	46,0	46,0	44,18	17,7	17,2	13,4	16,10
5	49,4	49,5	47,5	48,77	11,0	15,3	11,7	12,67
6	39,3	39,5	37,7	38,49	11,3	17,0	16,7	15,00
7	38,5	39,6	42,0	40,03	11,8	15,4	10,4	12,53
8	43,7	43,9	44,1	43,88	9,8	14,6	10,7	11,70
9	43,5	43,2	42,4	43,01	11,6	15,6	13,4	13,53
10	43,1	45,2	47,3	45,20	10,3	10,4	10,1	10,27
11	49,7	50,2	50,6	50,16	9,6	13,2	11,4	11,40
12	50,0	49,9	50,6	50,16	11,1	15,2	13,1	13,13
13	51,4	51,6	52,4	51,78	12,7	15,4	13,5	13,87
14	53,0	52,4	52,3	52,55	12,6	16,8	12,4	13,93
15	51,0	48,4	46,3	48,56	10,1	16,3	14,2	13,50
16	42,7	42,0	41,0	41,91	13,0	12,8	12,2	12,67
17	38,9	38,2	39,2	38,75	11,6	15,3	12,2	13,03
18	39,5	39,2	38,6	39,08	12,1	15,2	11,5	12,93
19	36,5	33,8	32,5	34,26	10,3	17,6	14,6	14,17
20	33,4	35,7	38,8	35,97	9,1	11,6	8,7	9,80
21	39,5	39,5	39,4	39,47	9,1	13,8	12,0	11,63
22	39,3	40,7	42,1	40,68	11,1	14,9	13,3	13,10
23	42,5	43,0	45,4	43,28	9,9	14,0	13,3	12,40
24	47,9	48,6	49,8	48,76	14,2	19,8	14,2	16,07
25	51,1	51,8	53,3	52,08	12,8	22,7	15,5	17,00
26	53,2	51,3	51,0	51,84	14,1	21,8	14,9	16,93
27	50,4	50,0	50,5	50,33	10,6	21,6	15,4	15,87
28	50,0	49,7	48,2	49,31	12,5	19,6	15,4	15,83
29	47,0	46,1	45,8	46,30	11,4	18,8	14,5	14,90
30	45,0	44,0	42,6	43,84	11,8	19,5	14,7	15,33
Mittel	44,67	44,57	44,87	44,70	12,16	17,12	13,45	14,27

Tag	Dunstdruck in Millimetern				Relative Feuchtigkeit				Richtung und Stärke des Windes (Scala: 0—10)		
	7h	2h	9h	Tagesmittel	7h	2h	9h	Tagesmittel	7h	2h	9h
1	10,0	8,1	10,6	9,6	77	42	78	66	SW 2	WNW 4	S 2
2	10,4	11,8	13,0	11,7	84	48	83	71	SSE 3	SSW 2	SW 1
3	18,1	13,2	13,6	14,9	88	39	86	77	··· 0	··· 0	NW 6
4	12,6	10,9	8,5	10,7	84	75	75	78	W 5	W 3	W 2
5	6,9	5,7	7,1	6,5	69	44	69	61	WSW 4	W 6	WSW 3
6	9,3	10,4	11,4	10,4	77	72	96	82	WSW 5	SW 7	SW 1
7	7,7	6,1	7,3	7,0	76	47	78	68	W 3	W 6	WSW 4
8	6,6	6,0	7,7	6,8	73	49	80	67	W 3	WNW 3	SSW 4
9	8,4	9,3	10,1	9,3	84	70	89	81	SW 2	SW 1	NNW 1
10	9,1	9,3	8,7	9,0	97	99	95	97	NNW 3	NNW 2	NNW 1
11	7,8	8,5	8,6	8,3	88	75	86	83	NNW 2	NNE 4	NNW 2
12	8,3	8,9	9,8	9,0	84	69	88	80	NNW 1	NNW 1	NNW 2
13	9,4	9,4	10,6	9,8	87	72	93	84	··· 0	NNW 2	NW 3
14	9,4	7,8	8,1	8,4	89	55	76	73	··· 0	N 3	NW 1
15	8,1	8,3	9,4	8,6	88	39	78	70	NNE 1	ENE 4	ENE 6
16	9,3	9,6	9,8	9,6	86	88	94	89	ENE 4	E 4	ESE 2
17	9,2	9,3	9,1	9,2	91	71	87	83	··· 0	W 4	W 3
18	9,1	8,4	9,2	8,9	68	85	92	82	SSW 3	SW 5	··· 0
19	8,6	10,8	11,1	10,2	93	72	90	85	SE 2	NNW 1	NNW 1
20	6,7	6,2	6,2	6,4	77	61	74	71	SW 4	W 5	WSW 6
21	6,5	6,7	7,6	6,9	75	58	73	69	SW 4	SSW 6	SW 5
22	7,7	6,2	6,1	6,7	78	50	53	60	SW 4	NNW 3	WNW 4
23	7,4	9,2	9,0	8,5	82	78	80	80	SW 3	WSW 3	SW 4
24	9,8	11,2	11,2	10,8	83	65	94	81	SW 4	SSW 4	SW 3
25	10,2	11,3	11,6	11,0	94	55	88	79	SE 1	W 4	WNW 1
26	10,9	10,6	11,9	11,1	92	55	94	80	NW 1	W 2	W 1
27	9,9	13,0	11,0	11,0	95	66	85	83	SW 2	NW 1	NW 1
28	10,4	11,9	11,6	11,3	95	70	89	85	W 1	E 2	W 1
29	9,7	12,1	12,0	11,2	97	75	96	89	SW 1	NW 1	··· 0
30	10,2	12,9	12,2	11,8	99	77	98	91	WSW 1	ENE 1	ENE 1
Mittel	9,2	9,4	9,8	9,5	85	64	85	78	2,3	3,1	2,5

Tag	Bewölkung (Scala: 0 = heiter, 10 = trüb) und Wolkenzug 7h	2h	9h	Tagesmittel	Niederschlag in Millimetern	Bemerkungen.
1	HS 10 W	FH 4 W	S 2 ···	5,3	···	
2	··· 0 ···	H 1 ···	S 1 ···	0,7	10,0	Morgens ≏, 7h K u. ●, Nachts ●.
3	FHS 9 SW	FH 3 SW	S 1 ···	4,3	7,9	Morgens $\equiv_2$, 7h K u. ●, 8h < in W, N u. E, 9h K u. ●.
4	S 1 ···	S 1 ···	S 1 ···	1,0	2,0	Tagsüber ● mit Unterbrechungen. [Nachts ●.
5	··· 0 ···	HS 8 ···	FS 6 ···	4,0	0,1	Tagsüber stürmisch.
6	S 10 SW	S 10 ···	S 10 ···	10,0	1,0	Vormittags sehr stürmisch, von 2h ab schwächer ●.
7	HS 9 W	HS 10 W	S 7 ···	8,7	1,4	22h, 2h u. 3h ●, 22h stürmisch. [Nachts ●.
8	HS 9 SW	FHS 8 NW	FHS 5 ···	7,3	0,8	1h ●, 4½h △ u. ●, Abends dunstig, Nachts ●.
9	S 10 ···	S 10 ···	S 10 ···	10,0	6,0	6h, 9h u. Nachts ●.
10	S 10 ···	S 10 ···	S 10 ···	10,0	13,9	Tagsüber u. Nachts ●.
11	S 10 ···	S 10 ···	S 10 ···	10,0	0,3	5h u. 11h ●.
12	S 10 ···	S 10 ···	S 10 ···	10,0	···	
13	S 10 ···	S 10 ···	S 10 ···	10,0	···	Morgens $\equiv_2$, 4h u. 8h ●tropfen.
14	S 10 ···	HS 8 N	HS 3 ···	7,0	···	Abends Dunst.
15	··· 0 ···	HS 3 ···	S 10 ···	4,3	···	Morgens $\equiv_2$, ≏.
16	S 10 ···	S 10 ···	S 10 ···	10,0	4,7	Tagsüber u. Nachts ● mit Unterbrechungen.
17	S 10 ···	S 10 ···	S 10 ···	10,0	0,1	9h ●.
18	HS 10 W	FHS 5 SW	S 3 ···	6,0	···	Morgens $\equiv_2$, Abends Dunst.
19	FHS 8 ···	S 10 ···	S 10 ···	9,3	···	Morgens $\equiv_1$.
20	FHS 9 SW	S 10 ···	FS 3 ···	7,3	···	Nachmittags stürmisch.
21	FH 7 SW	HS 9 W	S 10 ···	8,7	0,2	
22	FS 3 W	HS 10 W	S 10 ···	7,7	···	
23	HS 10 ···	S 10 ···	FS 7 ···	9,0	···	19h, 20½h u. 11h ●tropfen.
24	HS 8 ···	FHS 8 W	··· 0 ···	5,7	···	
25	FS 6 W	HS 4 W	S 2 ···	4,0	···	Morgens $\equiv_2$, ≏, Abends $\equiv_2$, Dunst.
26	HS 10 W	FH 4 W	··· 0 ···	4,7	···	Morgens $\equiv_2$, ≏.
27	F 5 ···	FS 3 ···	S 3 ···	3,7	···	Morgens $\equiv_1$, ≏, 3h Dunst, Abends $\equiv_2$, Dunst.
28	HS 9 ···	FHS 5 E	FS 3 ···	5,7	···	Morgens u. Abends $\equiv_2$ u. Dunst.
29	S 10 ···	F 3 ···	FS 7 ···	6,7	···	Morgens $\equiv_1$, ≏, Nachmittags Dunst, Abends $\equiv$.
30	S 10 ···	FS 3 ···	S 3 ···	5,3	···	Morgens $\equiv_2$, ≏, Nachmittags u. Abends $\equiv_2$, Dunst.
Mittel	7,5	6,6	5,8	6,6	> 53,9	

b) Autographische Aufzeichnungen.

Luftdruck auf 0° reducirt in Millimetern = 700mm +

Tag	12h	14h	16h	18h	20h	22h	0h	2h	4h	6h	8h	10h	Tagesmittel	Max.	Min.
	mm	mm	mm	mm	mm	mm	mm	mm	mm	mm	mm	mm	mm	mm	mm
1	45,2	44,9	44,8	44,7	45,3	45,5	45,8	45,5	44,8	44,5	44,6	44,6	45,02	45,8	44,3
2	44,5	43,8	44,4	42,7	43,0	42,6	43,0	41,3	40,3	39,8	42,8	41,5	42,39	44,3	39,8
3	42,0	42,6	43,5	43,7	43,8	42,8	43,2	41,7	41,2	40,7	40,0	39,3	41,70	43,0	38,3
4	40,9	40,1	40,0	40,3	40,9	42,1	42,9	44,0	44,8	46,1	47,6	48,7	43,30	48,7	38,9
5	48,9	49,0	48,2	49,4	49,5	49,7	49,9	49,5	48,8	48,1	47,9	47,1	48,92	49,9	47,1
6	45,6	43,8	41,9	40,0	39,0	38,6	38,4	38,5	38,1	37,8	37,7	37,6	39,75	45,6	37,4
7	37,5	37,5	37,8	38,2	38,7	39,4	39,5	39,6	40,3	40,7	41,5	42,4	39,45	42,4	37,5
8	42,6	42,8	42,9	43,3	44,1	44,2	44,0	43,9	43,1	43,5	44,0	43,9	43,53	44,3	42,6
9	44,0	43,8	43,5	43,5	43,6	43,8	43,7	43,2	42,4	42,2	42,4	42,5	43,22	44,0	42,2
10	42,3	41,7	41,9	42,4	44,0	44,7	45,2	45,2	45,5	45,9	46,9	47,8	44,08	47,8	41,7
11	48,1	48,4	48,6	49,0	50,0	50,4	50,6	50,2	50,1	49,8	50,5	50,8	49,71	50,8	48,1
12	50,5	50,0	49,9	49,8	50,1	50,2	50,0	49,9	49,6	49,9	50,4	51,0	50,11	51,0	49,6
13	51,0	50,9	50,8	51,0	51,7	51,7	51,8	51,6	51,5	51,6	52,3	52,7	51,58	52,7	50,8
14	52,8	52,9	52,8	53,0	53,1	53,2	53,8	52,4	51,7	51,7	52,0	52,4	52,65	53,8	51,7
15	51,9	51,7	51,4	51,1	50,9	50,2	49,6	48,4	48,4	46,4	44,3	43,9	49,22	51,9	43,9
16	43,0	44,2	43,5	43,6	47,8	42,9	42,6	42,0	41,7	41,3	41,2	40,9	42,36	45,0	40,9
17	40,6	39,7	39,1	39,9	39,9	38,8	39,6	38,2	38,1	38,3	39,9	39,0	38,93	40,6	38,1
18	39,4	40,8	38,8	39,3	39,7	40,0	39,7	37,2	38,5	38,4	38,7	38,6	39,08	40,0	38,4
19	37,8	37,3	36,5	36,3	36,1	35,5	34,8	33,8	33,7	34,3	32,6	31,9	34,97	37,8	31,9
20	30,9	31,3	31,1	32,9	34,0	33,0	35,4	35,7	36,1	36,9	38,2	39,2	34,81	39,2	30,9
21	39,2	39,6	39,6	39,5	39,8	40,1	40,2	39,6	39,9	39,2	39,5	39,6	39,59	40,2	38,9
22	39,9	38,8	38,2	38,8	39,7	39,9	40,2	40,7	40,9	41,6	42,1	42,4	40,13	42,4	38,2
23	42,6	42,6	42,6	42,6	42,3	42,9	41,5	42,0	42,4	43,5	45,0	45,9	42,92	45,9	41,3
24	48,1	46,5	46,8	47,4	46,4	48,2	49,1	48,6	48,4	48,9	49,5	50,0	48,24	50,0	46,1
25	50,0	49,9	50,2	50,8	51,4	52,8	52,0	51,8	51,7	52,0	52,8	53,3	51,49	53,5	49,9
26	53,3	53,3	53,0	52,9	53,1	52,9	52,2	51,3	50,8	50,7	51,0	51,1	52,13	53,3	50,7
27	50,8	50,5	50,1	50,2	50,8	50,9	50,6	50,0	49,7	49,6	50,4	50,8	50,30	50,9	49,6
28	50,7	50,4	50,1	49,9	50,1	50,3	50,3	49,7	48,7	48,2	48,1	47,9	49,53	50,7	47,9
29	48,1	47,7	47,2	46,9	47,1	47,3	47,1	46,1	46,4	45,2	45,6	45,8	46,63	48,1	45,2
30	45,7	45,5	45,1	44,8	45,1	45,2	44,8	44,0	43,0	42,6	42,7	42,7	44,27	45,7	42,6
Mittel	44,89	44,65	44,17	44,50	44,87	45,01	44,95	44,59	44,23	44,27	44,29	44,31	44,68	46,64	42,96

Tag	Lufttemperatur nach Celsius														
	12h	14h	16h	18h	20h	22h	0h	2h	4h	6h	8h	10h	Tagesmittel	Max.	Min.
1	16,6	15,6	14,9	14,8	16,1	19,2	20,4	21,6	21,6	19,6	17,0	15,3	17,74	21,8	14,7
2	14,4	14,3	13,6	13,8	16,4	20,8	24,3	26,4	25,7	24,1	19,3	19,3	19,37	26,7	13,5
3	18,4	18,9	17,6	17,4	19,2	21,1	23,2	24,2	25,5	23,2	19,9	18,0	20,49	25,5	17,3
4	17,0	16,8	17,0	17,3	17,9	18,0	18,8	17,2	16,7	15,0	15,7	13,0	16,53	18,8	12,7
5	12,7	12,0	10,8	10,4	12,0	14,8	14,7	15,3	15,2	14,1	12,2	11,6	12,94	15,8	10,3
6	11,7	13,0	13,8	14,2	15,2	16,5	17,5	17,0	17,2	15,4	14,4	13,3	14,93	17,5	11,7
7	13,1	12,3	11,6	11,6	12,2	13,4	15,8	15,4	12,5	12,7	11,1	10,1	12,65	16,3	10,0
8	10,0	9,7	9,6	9,5	10,5	12,9	14,4	14,6	14,6	12,0	11,0	10,7	11,63	9,2	14,7
9	10,7	10,8	10,8	11,3	12,4	14,3	14,4	15,6	16,0	18,2	14,5	13,1	13,43	16,2	10,7
10	12,7	12,1	11,8	10,5	10,0	10,2	10,2	10,4	10,3	10,7	10,3	9,7	10,74	12,7	9,9
11	9,6	9,6	9,5	9,4	10,1	10,9	11,9	13,2	12,7	12,7	11,7	10,9	11,02	12,8	9,4
12	10,8	10,9	11,0	11,2	11,4	12,4	14,1	15,2	15,2	14,3	13,8	12,9	12,77	15,6	10,8
13	12,7	12,7	12,7	12,8	13,1	14,5	14,8	15,4	14,5	14,3	13,8	13,2	13,71	15,4	12,7
14	12,8	12,6	12,5	12,5	12,9	14,4	15,6	16,8	16,5	15,2	12,8	11,8	13,87	16,8	11,1
15	11,1	11,6	11,0	10,1	11,0	13,8	15,0	16,2	17,2	16,1	14,6	12,7	13,45	17,6	6,8
16	13,5	13,0	12,7	12,9	13,1	12,8	12,7	12,8	12,9	12,7	12,2	12,1	12,78	13,1	11,8
17	11,8	11,7	11,7	11,5	12,0	13,0	14,3	15,3	13,9	12,9	12,4	12,1	12,72	15,5	11,5
18	12,2	11,9	11,7	11,8	12,2	13,8	14,3	15,2	15,9	13,9	12,4	10,9	13,02	16,2	10,1
19	10,1	9,9	9,6	9,7	11,2	13,5	16,4	17,6	16,8	14,9	14,6	14,3	13,22	17,5	9,5
20	14,0	11,2	9,6	9,2	9,6	10,3	11,8	11,6	10,8	10,1	9,3	9,1	10,55	14,0	8,7
21	9,3	9,2	8,6	8,5	9,6	11,2	12,0	13,8	14,3	12,9	12,4	12,0	11,15	14,7	8,4
22	11,3	11,2	10,5	10,7	11,6	13,6	15,0	14,9	15,1	14,3	13,1	12,6	12,82	15,5	10,5
23	10,4	9,8	9,7	9,6	10,4	11,9	15,0	14,6	14,6	14,2	13,6	12,8	12,22	15,2	9,8
24	12,1	13,5	13,6	13,4	15,5	17,4	18,6	19,8	19,8	17,0	16,2	14,0	15,82	21,3	12,1
25	13,2	12,7	12,5	12,2	13,8	19,2	21,4	22,7	21,9	17,4	17,0	15,1	16,59	23,0	12,5
26	14,2	13,4	13,5	13,6	14,8	17,1	19,8	21,8	20,7	18,2	15,8	14,0	16,41	22,0	12,9
27	12,9	12,2	11,5	10,7	11,3	11,7	18,8	21,7	21,2	17,2	16,1	16,3	15,38	21,5	10,6
28	15,3	14,5	13,1	12,7	13,7	15,5	18,1	19,6	20,2	17,9	15,8	15,0	15,95	20,2	12,7
29	13,7	12,7	12,0	11,8	11,7	11,8	15,4	17,9	18,5	16,3	15,1	14,2	14,21	18,4	10,4
30	13,7	13,4	12,1	12,0	11,8	13,6	16,4	19,3	19,7	16,9	15,6	14,6	14,92	19,7	11,7
M.M.	12,73	12,41	12,02	11,57	12,76	14,54	16,17	17,10	16,92	15,48	13,96	13,19	14,07	17,56	11,51

Tag	Richtung (R), Geschwindigkeit (G) des Windes in 1 Secunde in Metern.												Tagesmittel
	12h R G	14h R G	16h R G	18h R G	20h R G	22h R G	0h R G	2h R G	4h R G	6h R G	8h R G	10h R G	G
1	WSW 3,9	SW 4,0	SW 3,1	SW 3,1	SW 4,7	SW 5,1	W 4,8	SW 2,7	W 2,8	WSW 1,0	SSW 1,4	SSW 1,6	3,1
2	SSW 1,4	S 2,5	SSW 2,2	S 2,9	SSW 2,0	SSW 2,8	SSW 2,6	SSW 2,7	SSW 1,0	SW 0,4	WNW 2,9	S 1,6	2,1
3	SW 0,5	NW 0,3	SW 0,4	SW 0,7	SSW 1,3	SSW 2,0	S 1,9	SSW 1,8	ENE 2,0	E 1,2	N 2,9	ENE 3,0	1,6
4	NNE 1,4	NW 1,3	SW 0,7	SSW 2,8	WSW 2,9	W 2,8	W 2,0	W 4,3	WSW 3,6	WNW 2,4	W 3,8	WNW 5,0	2,8
5	W 3,4	W 3,0	WSW 3,1	SW 3,0	W 4,6	WNW 4,9	WNW 5,7	WNW 5,2	— 4,9	— 2,2	— 2,8	SSW 1,8	3,7
6	SSW 3,4	SW 5,8	SW 5,5	SW 5,2	SW 6,3	— 7,0	— 6,0	— 5,0	W 4,4	— 4,6	— 3,3	— 3,0	4,8
7	— 3,0	— 3,1	— 3,3	— 2,9	W 3,1	W 4,9	W 4,9	W 5,8	W 2,7	WNW 1,8	N 1,2	W 2,3	3,3
8	W 2,6	W 2,8	W 2,9	W 2,5	W 2,0	W 4,1	W 3,0	W 2,9	WSW 3,8	W 2,6	SSW 3,2	SSW 3,0	3,0
9	SSW 2,6	S 3,0	SSW 2,1	S 1,1	SW 3,4	WSW 4,0	SW 2,6	S 1,9	SSW 0,8	NNE 1,3	ENE 1,2	NE 0,8	2,1
10	NE 0,9	NNW 0,7	N 1,6	N 2,8	N 2,8	N 3,4	N 2,5	N 1,9	N 1,6	ENE 1,2	N 1,2	N 1,3	1,8
11	NNE 1,1	N 1,0	N 1,0	NNW 1,6	NNE 1,8	— 2,1	— 2,0	— 2,2	ENE 2,3	ENE 2,7	NNE 1,1	N 0,9	1,7
12	N 0,9	N 0,4	NE 0,8	NNE 0,7	N 0,5	NNE 1,0	NNE 0,9	E 1,2	NNE 1,2	ENE 0,9	NW 0,6	NNW 0,9	0,8
13	N 1,1	NW 0,4	NW 0,8	NW 0,3	NW 0,2	NW 1,1	NNW 1,0	NW 1,8	NNE 1,8	N 0,8	NNE 1,6	N 2,0	1,1
14	NNW 2,4	NNW 2,2	N 1,3	N 0,3	N 1,1	N 2,6	NE 2,9	NNE 2,3	NE 2,0	NNE 1,5	NW 0,8	NW 0,7	1,7
15	NW 0,5	NNW 0,5	NNW 0,2	NNE 1,0	ENE 2,1	E 3,0	E 3,1	E 3,0	ENE 3,6	ENE 2,8	ESE 2,4	E 3,0	2,1
16	ENE 3,0	ENE 3,0	ENE 2,8	E 3,0	E 3,2	E 3,8	ENE 3,7	ESE 2,4	ESE 1,2	E 2,0	ENE 1,5	E 0,4	2,5
17	E 0,3	NE 0,2	E 0,2	E 0,2	W 0,5	W 1,4	WSW 1,9	WSW 1,4	WSW 2,5	WNW 1,9	W 1,9	SW 1,1	1,2
18	SSW 2,2	WSW 3,0	S 1,0	SSE 1,0	SW 2,7	W 2,2	W 0,7	W 0,6	SW 1,9	S 0,2	N 0,1	N 0,1	1,3
19	SSW 0,2	SW 0,4	ESE 0,5	SSE 0,5	E 1,8	E 2,1	SW 1,6	NW 1,1	NNW 1,6	NNW 2,1	NNW 1,0	NW 0,2	1,1
20	S 0,4	SW 4,3	SSW 7,0	WSW 4,4	WSW 4,0	WSW 5,6	WSW 6,0	WSW 4,3	WSW 7,1	WSW 4,7	SW 3,1	SW 5,8	4,7
21	SW 6,8	WSW 4,1	SW 5,1	SW 6,1	SW 6,8	WSW 4,0	SW 5,1	SW 4,0	SW 4,1	SW 2,4	SW 2,0	SW 2,0	4,4
22	WSW 3,5	W 4,5	SW 3,7	W 4,8	W 3,2	W 3,7	W 3,5	W 2,5	W 3,0	W 3,5	W 3,4	W 3,0	3,6
23	WSW 3,3	SW 3,5	SSW 2,0	SSW 3,1	S 4,0	SSW 2,2	WSW 3,3	W 3,1	WNW 3,0	W 3,1	SW 2,8	WSW 3,8	3,0
24	WSW 3,4	WSW 4,6	SW 3,4	WSW 3,6	SSW 4,0	SW 1,8	SW 2,5	WSW 3,6	WSW 2,9	S 0,8	SW 0,3	S 0,1	2,6
25	S 0,2	S 0,3	··· 0,0	S 0,2	SSE 1,1	SSW 3,2	SW 2,3	W 2,7	W 2,2	W 0,6	NW 0,3	NW 0,5	1,2
26	SW 0,3	S 1,0	SSW 0,3	NNW 0,2	N 0,4	NW 0,6	N 0,9	W 1,2	WNW 0,8	N 0,2	WSW 0,8	SSW 1,3	0,7
27	SSW 0,8	SSW 1,0	SSW 1,6	SW 0,8	SW 1,2	S 1,0	ESE 1,6	NE 1,5	N 0,6	N 0,2	N 0,3	NW 0,7	0,9
28	NW 0,3	NNW 0,1	W 0,7	W 1,6	W 0,8	N 0,7	NE 1,7	ENE 2,5	ENE 1,9	NE 0,4	NE 0,2	NNW 0,2	0,9
29	N 0,6	NNW 0,3	SW 1,0	SSW 0,6	SW 1,6	S 0,7	N 0,8	NNW 1,1	NNE 0,7	NW 0,4	NNW 0,4	W 0,2	0,7
30	W 0,2	WSW 0,3	SW 0,7	SSW 0,2	S 0,7	SSE 1,1	NNW 1,2	ENE 1,1	NE 1,1	N 0,1	N 0,6	NNE 0,2	0,7
M.M.	1,76	1,96	1,96	1,97	2,38	2,74	2,67	2,52	2,32	1,65	1,50	1,64	2,09

a) Directe Ablesungen.

Tag	Luftdruck auf 0° reducirt in Millim. = 700mm + 7h	2h	9h	Tagesmittel	Lufttemperatur nach Celsius 7h	2h	9h	Tagesmittel
1	42,4	41,3	41,6	41,78	11,8	18,0	14,8	15,20
2	41,9	42,7	43,4	42,66	12,4	15,7	10,6	12,90
3	46,0	47,6	48,1	47,24	9,1	12,1	11,1	10,77
4	44,3	44,8	46,5	45,29	10,6	12,4	7,9	10,27
5	49,1	49,0	49,3	49,13	7,4	8,1	5,8	7,10
6	49,1	49,3	50,7	49,66	1,3	4,1	2,8	2,73
7	50,6	51,1	51,3	51,01	1,6	3,9	4,1	3,20
8	50,4	48,9	49,0	49,43	4,2	7,5	5,9	5,87
9	47,9	47,1	48,0	47,67	4,6	7,4	5,8	5,93
10	48,8	49,4	50,0	49,42	4,0	8,0	6,0	6,00
11	47,0	44,7	46,8	46,15	8,2	10,2	8,7	8,37
12	40,2	39,4	42,5	40,71	8,6	10,4	6,0	8,33
13	43,4	42,5	42,8	42,94	4,8	11,1	7,0	7,63
14	43,5	45,0	44,9	44,47	8,3	14,9	8,7	10,63
15	46,0	45,8	45,4	45,78	6,5	10,6	7,0	8,03
16	46,0	45,6	46,9	46,18	6,6	14,5	9,7	10,27
17	50,1	51,7	52,4	51,41	8,0	12,0	12,2	10,73
18	51,9	52,0	52,0	51,98	12,1	14,8	11,8	13,23
19	52,2	51,2	50,4	51,29	11,2	16,4	10,9	12,50
20	46,7	49,0	50,5	48,75	12,0	10,6	7,9	10,17
21	51,4	53,1	55,7	53,39	7,0	11,2	11,1	9,77
22	55,3	54,1	54,8	54,72	9,1	13,0	9,1	10,40
23	54,4	53,9	53,9	54,07	8,1	10,2	4,6	8,30
24	54,4	54,7	56,2	55,09	8,4	9,6	5,8	6,27
25	56,6	56,1	55,9	56,21	1,5	8,9	5,0	5,13
26	57,2	57,1	57,4	57,21	2,8	5,1	4,7	4,30
27	58,5	58,8	58,5	58,62	4,5	5,5	4,5	4,84
28	57,5	57,2	57,1	57,28	1,9	2,6	1,8	2,10
29	56,8	55,5	55,2	55,83	1,5	3,2	2,9	2,53
30	54,9	54,3	54,9	54,71	2,0	4,2	4,6	3,27
31	54,9	54,5	55,0	54,80	3,2	4,4	4,0	3,87
Mittel	50,04	49,92	50,60	50,19	6,31	9,71	7,28	7,77

Tag	Dunstdruck in Millimetern 7h	2h	9h	Tagesmittel	Relative Feuchtigkeit 7h	2h	9h	Tagesmittel	Richtung und Stärke des Windes (Scala: 0—10) 7h	2h	9h
1	9,7	12,0	11,1	10,9	95	74	89	86	NNW 1	NW 1	NW 1
2	10,0	10,9	6,7	9,2	94	82	71	82	— 0	N 2	W 1
3	6,1	6,2	7,7	6,7	71	60	78	70	NE 2	SSW 1	— 0
4	8,0	6,5	6,8	7,1	83	61	86	77	W 2	WSW 4	NE 5
5	5,2	3,8	3,8	4,8	64	49	56	57	NNE 1	NNE 5	NNE 6
6	3,8	4,1	3,9	3,9	76	68	69	71	N 5	NE 6	NNE 4
7	3,6	3,5	4,1	3,7	71	58	68	66	NNW 4	N 4	NW 6
8	4,5	4,2	5,0	4,6	73	56	72	67	NNW 2	NNW 4	N 1
9	4,5	5,7	5,2	5,2	71	71	78	74	— 0	NW 2	NW 1
10	4,3	5,7	5,7	5,2	70	71	82	74	NW 2	WNW 1	SSW 5
11	5,8	5,5	6,5	5,9	82	59	77	73	S 2	SW 3	SW 3
12	6,6	6,5	5,5	6,2	79	69	79	76	WSW 2	SW 5	SW 5
13	5,3	4,5	6,0	5,5	82	45	79	69	SW 3	SW 4	SW 2
14	6,6	8,3	7,8	7,6	81	66	93	80	S 8	SW 4	— 0
15	6,9	7,7	7,3	7,3	96	61	98	92	SSW 3	— 0	— 0
16	7,2	10,1	8,5	8,6	99	83	95	92	S 1	E 1	— 0
17	8,0	9,7	10,0	9,2	100	94	95	96	S 1	SSW 1	— 0
18	9,9	10,6	10,5	10,3	95	85	96	92	— 0	— 0	— 0
19	9,2	9,4	8,7	9,1	93	72	90	85	— 0	SW 2	— 0
20	9,7	6,8	6,1	7,6	94	72	81	82	W 3	NW 5	N 1
21	6,9	8,1	8,4	7,8	92	81	85	86	NW 4	N 1	NNE 4
22	8,1	8,1	7,3	7,9	93	73	86	81	N 2	E 3	E 1
23	6,9	6,5	6,1	6,5	86	70	84	80	NE 2	E 3	NE 2
24	2,8	6,6	5,0	4,8	90	61	88	80	NW 1	ESE 2	NNE 1
25	4,9	6,9	6,3	6,0	96	81	97	91	SW 2	NW 1	SSW 1
26	5,6	6,1	6,2	6,0	100	91	97	96	— 0	NW 1	— 0
27	5,6	5,3	5,1	5,3	89	79	81	83	NE 2	SE 2	NNW 2
28	5,0	5,0	5,1	5,0	95	91	98	95	ESE 2	NE 2	NE 1
29	4,8	5,1	5,3	5,1	91	92	96	93	N 1	NNE 3	E 2
30	4,7	5,2	5,3	5,1	96	84	84	88	— 0	SW 1	E 1
31	5,1	5,0	5,1	5,2	93	80	84	86	SE 1	SW 2	NNW 2
Mittel	6,3	6,8	6,3	6,5	87	73	84	81	1,8	2,5	1,9

Tag	Bewölkung [Scala: 0 = heiter, 10 = trüb] und Wolkenzug				Niederschlag in Millimetern	Bemerkungen.
	7h	2h	9h	Tagesmittel		
1	FS 10 ·	FS 7 ·	S 2 ·	6,3	·	Morgens $\equiv_1$, △.
2	HS 8 N	S 10 ·	· 0 ·	6,0	·	Morgens $\equiv_1$.
3	FHS 9 N	FHS 9 ·	S 10 ·	9,3	·	
4	S 8 ·	S 10 ·	S 10 ·	9,3	4,0	Tagsüber ● mit Unterbrechungen.
5	S 10 NE	HS 9 NE	S 10 ·	9,7	·	Vormittags stürmisch.
6	HS 10 N	S 10 ·	S 10 ·	10,0	·	Stürmisch, zeitweilig [illegible], 6h ● u. ✱.
7	S 10 ·	S 10 ·	S 10 ·	10,0	·	
8	S 10 ·	HS 10 ·	S 10 ·	10,0	·	
9	FHS 9 ·	S 10 ·	HS 10 NW	9,7	·	2h schwacher ●.
10	FHS 4 ·	S 10 ·	FS 2 ·	5,3	·	
11	S 10 ·	S 10 ·	S 10 ·	10,0	0,2	Morgens $\equiv_1$, 19h, 22½h, 6½h u. 9h ●tropfen.
12	S 10 ·	HS 10 W	FS 3 ·	7,7	·	8h ●tropfen, 11h ∞.
13	FH 3 W	FH 9 SW	HS 10 ·	7,3	·	
14	S 10 ·	HS 10 ·	S 4 ·	8,0	·	Morgens $\equiv_1$, 19h ●tropfen, Abends $\equiv_1$.
15	S 10 ·	S 10 ·	S 10 ·	10,0	·	Morgens $\equiv_1$, △, 2h $\equiv_0$, Abends $\equiv_1$.
16	S 10 ·	· 0 ·	· 0 ·	3,3	·	Morgens $\equiv_1$, 2h $\equiv_1$, Abends dunstig.
17	S 10 ·	S 10 ·	S 10 ·	10,0	·	Morgens $\equiv_1$, 2h u. Abends $\equiv_1$.
18	S 10 ·	S 10 ·	S 10 ·	10,0	·	Morgens $\equiv_1$, Abends $\equiv_1$ u. Dunst.
19	HS 10 ·	FHS 8 ·	HS 10 ·	9,3	1,8	Morgens $\equiv_0$, Nachts ●.
20	HS 10 NW	S 10 NW	FH 4 NW	8,0	6,9	18h bis 23h ●, Nachts ●.
21	S 10 ·	S 10 ·	S 10 ·	10,0	1,2	Nachts ●.
22	HS 10 NE	FHS 9 E	S 10 ·	9,7	0,3	19½h ●.
23	HS 10 NE	S 10 ·	S 2 ·	7,3	·	Abends dunstig.
24	FS 2 ·	FS 3 ·	· 0 ·	1,7	·	Morgens $\equiv_1$, ⌣.
25	S 10 ·	FS 2 ·	S 2 ·	4,7	·	Morgens $\equiv_1$, ⌣, Nachmittags u. Abends Dunst.
26	S 10 ·	S 10 ·	S 10 ·	10,0	·	Morgens $\equiv_1$, 2h $\equiv_1$, Abends $\equiv_1$.
27	S 10 ·	S 10 ·	S 10 ·	10,0	·	Morgens dunstig.
28	S 10 ·	S 10 ·	S 10 ·	10,0	·	Morgens $\equiv_1$, 2h u. Abends $\equiv_1$.
29	S 10 ·	S 10 ·	S 10 ·	10,0	·	Morgens $\equiv_1$, 2h u. Abends $\equiv_1$.
30	S 10 ·	S 10 ·	S 10 ·	10,0	·	Morgens $\equiv_1$, 2h $\equiv_1$.
31	S 10 ·	S 10 ·	S 10 ·	10,0	·	Morgens $\equiv_1$, Abends $\equiv_1$.
Mittel	9,1	8,9	7,4	8,5	S. 14,4	

b) Autographische Aufzeichnungen.

Luftdruck auf 0° reducirt in Millimetern = 700 +

Tag	12h	14h	16h	18h	20h	22h	0h	2h	4h	6h	8h	10h	Tagesmittel	Max.	Min.
1	42,6	42,6	42,3	42,0	42,5	42,4	42,1	41,3	40,9	41,3	41,5	41,6	41,93	42,6	40,9
2	41,4	41,5	41,4	41,6	42,7	42,6	48,0	42,7	43,4	44,6	46,0	46,6	43,01	46,6	41,3
3	44,8	44,9	47,2	47,4	48,1	48,9	48,5	47,6	46,7	46,3	46,0	45,9	47,21	48,9	45,9
4	46,2	44,8	44,4	44,2	44,6	44,8	44,9	44,8	45,0	45,6	46,2	47,7	45,14	47,2	44,2
5	47,0	48,1	48,5	48,7	48,5	49,7	49,6	49,0	48,9	49,5	49,4	49,4	49,06	49,8	47,8
6	49,3	49,1	48,8	48,9	49,2	49,3	49,4	49,2	49,6	50,1	50,5	50,9	49,51	50,9	48,7
7	50,7	50,2	50,1	50,2	50,6	51,2	51,2	51,1	50,9	51,1	51,3	51,4	50,87	51,4	50,1
8	51,2	50,8	50,5	50,4	50,4	50,0	49,6	48,9	48,4	48,7	49,1	49,1	49,76	51,2	48,4
9	48,8	48,2	47,9	47,8	48,0	48,0	47,4	47,1	47,3	47,5	47,9	49,0	47,83	48,9	47,1
10	48,2	48,1	48,1	48,5	49,1	48,4	49,6	49,4	49,1	49,7	50,0	51,1	49,16	51,1	48,1
11	49,6	49,0	48,0	47,4	44,9	46,6	46,1	44,7	—	—	—	—	—	—	—
12	—	—	—	—	—	—	—	—	39,7	41,0	42,1	42,7	—	—	—
13	43,2	43,4	43,3	43,3	43,4	43,7	43,3	42,5	42,4	42,5	43,7	43,0	43,08	43,7	42,4
14	42,9	43,0	42,8	43,1	43,8	44,4	44,9	45,0	44,6	44,9	45,0	46,0	44,11	42,8	40,0
15	45,2	45,2	45,2	46,7	46,3	46,6	46,5	45,8	45,2	45,3	45,3	45,3	45,65	46,6	45,2
16	45,4	45,3	45,5	45,6	46,8	46,5	46,2	45,6	45,3	46,0	46,4	47,5	45,97	47,5	45,3
17	48,1	48,6	49,4	49,6	50,8	51,5	51,8	51,7	51,7	52,1	52,4	52,6	50,86	52,6	48,1
18	52,4	52,3	51,9	51,7	52,2	52,2	52,2	52,0	51,5	51,8	51,8	52,2	52,02	52,4	51,5
19	52,0	52,2	52,0	52,1	52,7	52,5	52,0	51,2	51,2	50,5	50,6	50,1	51,59	52,7	50,1
20	49,5	48,6	47,4	48,3	46,9	47,6	48,5	49,0	49,8	50,9	50,2	50,5	48,74	50,5	46,7
21	50,4	50,4	50,8	50,9	51,9	52,4	52,8	53,1	54,6	54,4	55,1	56,0	52,63	56,0	50,4
22	56,0	55,9	55,6	55,5	55,7	55,6	55,1	54,1	53,8	54,1	54,4	54,8	55,05	56,0	53,8
23	54,9	54,7	54,2	54,2	54,6	54,7	54,3	53,9	54,5	53,7	53,9	54,1	54,24	54,9	53,5
24	54,3	54,3	54,1	54,2	54,6	54,9	55,1	54,7	54,8	55,3	56,1	56,8	54,92	56,6	54,1
25	56,8	56,7	56,5	56,4	56,8	56,9	56,8	56,1	55,6	55,7	55,8	56,0	56,31	56,9	55,8
26	56,2	56,1	56,6	56,8	57,5	57,7	57,6	57,1	57,1	57,2	57,1	57,6	57,09	57,7	56,2
27	57,6	58,0	58,1	58,3	58,9	59,3	59,0	59,8	58,5	58,6	58,5	58,7	58,52	59,3	57,6
28	58,5	58,2	58,8	58,5	57,5	57,8	57,6	57,2	57,0	57,0	57,1	57,2	57,70	58,5	57,0
29	57,1	57,1	57,9	56,8	56,9	56,9	56,5	55,5	55,1	55,2	55,4	55,2	56,20	57,1	55,1
30	55,1	55,1	54,9	54,9	55,1	55,4	55,3	56,3	54,3	54,6	54,7	55,1	54,90	54,9	54,9
31	55,0	54,8	54,7	54,8	55,1	55,2	56,9	56,5	54,3	54,6	54,8	55,7	54,82	55,2	54,3
Mittel*)	50,10	50,31	50,19	50,21	50,62	50,82	50,11	50,26	49,97	50,23	[illegible]	50,40	50,61	51,74	49,61

*) Die Stundenmittel sind aus je 30, das Monatsmittel, sowie das mittlere Max. und Min. aus je 29 Tagen abgeleitet.

Tag	Lufttemperatur nach Celsius														
	12h	14h	16h	18h	20h	22h	0h	2h	4h	6h	8h	10h	Tagesmittel	Max.	Min.
1	13,8	12,8	11,9	11,8	12,3	14,4	16,7	19,0	19,5	16,9	15,2	14,5	14,93	19,7	11,7
2	12,9	12,1	11,9	12,2	13,1	15,1	15,6	15,7	13,8	12,7	11,1	11,4	13,13	16,0	10,3
3	10,5	10,7	10,4	9,4	9,4	10,1	11,1	12,1	12,9	11,7	11,1	11,1	10,90	12,9	8,9
4	10,5	10,5	10,6	10,7	11,0	12,6	13,9	12,4	11,6	10,9	9,1	7,5	10,93	13,9	7,2
5	7,2	7,5	7,5	7,7	7,9	7,4	8,1	8,6	7,8	6,9	6,4	5,6	7,38	8,7	4,4
6	4,4	2,6	1,4	1,3	2,1	3,1	4,0	4,1	4,0	2,6	2,8	2,6	2,92	5,3	1,3
7	1,8	1,7	1,7	1,5	1,8	2,8	3,6	3,9	4,1	4,1	4,2	4,2	2,95	4,0	1,5
8	3,8	3,8	4,1	3,9	4,4	6,0	7,3	7,5	7,2	6,4	6,1	6,9	5,53	7,6	3,8
9	5,3	5,2	4,9	4,4	5,2	6,5	6,9	7,4	6,8	6,4	6,0	6,0	5,92	7,4	4,6
10	6,0	5,8	5,4	4,8	4,2	7,1	7,3	8,1	8,4	7,0	6,7	5,5	6,36	8,4	3,9
11	5,4	5,3	5,4	5,7	6,6	7,8	8,9	10,4	10,4	9,4	8,7	8,8	7,73	10,6	5,3
12	8,5	8,6	8,9	8,7	8,9	9,4	10,3	10,3	10,0	7,7	6,7	5,6	8,63	11,1	5,0
13	5,6	5,1	4,9	4,7	5,0	8,1	9,7	11,1	10,6	8,6	7,0	6,7	7,26	11,5	5,4
14	7,1	6,7	7,2	6,8	9,0	11,8	13,7	14,8	14,3	11,6	9,5	7,9	10,03	15,1	6,9
15	6,7	6,4	4,5	5,7	6,9	8,1	9,1	10,6	10,9	9,9	7,6	6,9	7,78	10,9	4,3
16	6,9	6,7	6,6	6,4	6,9	8,1	10,8	8,5	12,5	13,1	10,7	9,0	8,79	14,2	6,3
17	7,9	7,0	7,1	7,6	8,2	9,5	10,7	12,0	12,4	12,3	12,2	12,3	9,92	12,8	6,6
18	12,1	12,0	12,0	12,0	12,2	13,6	13,9	14,7	14,4	13,4	13,0	12,7	13,03	14,8	11,8
19	12,4	11,8	11,6	11,4	11,6	12,7	14,9	15,5	14,9	13,3	11,4	11,0	12,71	15,6	11,3
20	11,3	11,5	11,6	11,8	11,7	11,1	11,3	10,6	10,2	9,5	8,2	8,1	10,59	13,0	8,0
21	8,1	7,2	7,2	7,2	7,2	8,4	10,2	11,2	11,2	11,0	11,0	10,7	9,22	11,3	7,0
22	10,3	9,8	9,4	9,0	9,3	10,8	11,7	13,0	13,5	11,2	9,9	8,8	10,56	13,6	8,3
23	8,6	8,7	8,0	8,1	8,2	9,1	10,2	10,3	10,1	8,3	6,8	5,8	8,47	10,5	4,6
24	4,6	4,0	3,6	3,5	3,8	6,1	8,3	9,7	10,2	8,1	6,5	5,3	6,14	11,2	3,1
25	4,4	3,6	2,4	1,5	1,6	2,4	7,1	8,9	9,5	6,9	6,5	4,4	4,85	9,5	1,6
26	3,7	3,3	2,6	2,8	2,8	3,6	4,4	5,4	5,1	4,9	4,7	5,1	4,05	5,4	2,5
27	5,2	5,2	4,3	4,4	4,5	4,9	5,3	5,5	5,3	5,2	4,8	4,1	4,89	5,2	4,3
28	3,3	2,7	1,9	1,8	2,0	2,0	1,9	2,6	3,2	2,3	2,0	1,7	2,28	3,5	1,6
29	1,3	1,2	0,7	1,4	1,6	1,8	2,8	3,2	3,5	3,1	3,0	2,7	2,19	3,5	0,4
30	1,9	1,8	1,7	1,1	1,5	1,9	2,9	4,2	4,5	4,6	4,7	4,5	2,94	4,7	0,9
31	3,5	3,4	3,3	3,2	3,2	3,6	4,2	4,4	4,7	4,4	4,2	3,9	3,93	4,8	3,3
M.M.	6,94	6,59	6,27	6,21	6,58	7,74	8,93	9,51	9,60	8,53	7,65	7,10	7,64	10,21	5,36

Tag	Richtung (R), Geschwindigkeit (G) des Windes in 1 Secunde in Metern												Tagesmittel
	12h R G	14h R G	16h R G	18h R G	20h R G	22h R G	0h R G	2h R G	4h R G	6h R G	8h R G	10h R G	G
1	NNE 0,3	N 0,7	NNW 0,4	N 0,6	NW 0,4	SW 0,3	NNW 0,9	NW 1,6	NW 1,6	NW 0,9	NW 0,6	W 0,4	0,7
2	SW 0,9	S 2,0	SSW 1,6	SSW 1,6	SSW 0,4	NNW 0,4	WNW 0,5	N 1,3	NNE 3,0	N 1,7	NNE 1,6	NW 1,6	1,4
3	NW 1,2	WNW 1,2	WSW 0,3	E 1,9	E 1,8	ESE 1,7	SSW 2,2	SW 2,2	SSW 0,8	SSW 0,9	S 0,4	S 0,6	1,3
4	ESE 0,8	SSW 0,9	SSW 0,4	SSW 1,6	W 1,9	WSW 2,4	WSW 3,3	W 2,1	WSW 1,3	NW 0,8	E 3,8	ENE 3,5	2,0
5	ENE 3,2	NE 3,8	NNE 3,6	NE 2,9	ENE 5,0	ENE 3,8	ENE 5,2	ENE 5,0	NE 5,2	NE 4,9	NE 4,8	NNE 5,0	4,4
6	NNE 3,5	N 3,9	NNE 3,6	NNE 4,4	NE 4,8	ENE 5,8	NE 5,0	NE 4,0	ENE 5,4	NE 3,1	ENE 2,8	NNE 2,5	4,1
7	NNE 1,8	N 2,7	N 2,7	N 2,7	N 2,7	NNE 3,5	NNE 4,0	NE 3,8	N 2,9	NNW 2,8	NNW 2,2	N 2,9	3,0
8	N 3,0	N 2,2	N 1,5	N 1,7	N 2,0	N 2,8	N 3,0	N 3,9	NNE 3,1	N 1,9	N 0,3	NW 1,1	2,3
9	WNW 1,0	WNW 1,4	N 0,9	NW 1,2	SSW 0,4	W 1,6	WNW 2,0	NW 1,4	NW 1,8	NW 1,9	NW 1,6	WNW 0,9	1,3
10	NW 1,5	WNW 1,8	WNW 2,2	WNW 2,8	WSW 2,3	WNW 2,6	WNW 2,8	WNW 2,0	WNW 1,8	WSW 1,2	SW 3,0	S 0,4	2,0
11	SSW 2,2	SW 3,0	SSW 3,0	SSW 3,0	S 2,5	WSW 4,0	W 5,7	W 4,1	SW 3,6	SW 2,6	SW 2,2	SW 2,8	3,3
12	SW 3,8	S 2,9	SW 4,3	SW 4,7	WSW 4,0	SW 6,6	SW 4,6	W 6,3	WSW 3,2	W 1,0	SW 4,3	SW 4,7	4,5
13	SW 4,7	WSW 4,0	SW 4,6	SW 3,2	SW 4,7	W 4,7	W 4,9	W 5,2	WNW 1,8	SW 1,1	S 1,1	SSW 3,0	3,6
14	SSW 2,8	SSW 3,0	SSW 5,8	SSW 4,2	SSW 2,2	SSW 2,4	W 2,8	SW 2,7	W 1,0	NW 0,3	SW 0,3	SSW 0,5	2,1
15	SSW 0,7	S 0,5	SSW 0,8	S 1,8	S 1,1	SW 1,4	SSW 1,6	SSW 1,1	NNW 0,3	NNW 1,8	N 1,2	N 0,4	1,1
16	N 0,3	WNW 0,3	WSW 0,7	WSW 0,3	SSE 0,2	SSW 0,7	SW 1,1	SE 0,7	NNE 0,4	NNW 1,0	NNW 0,9	NNW 0,6	0,6
17	SW 1,0	SW 0,8	SSW 0,6	S 0,6	SSW 0,5	SSW 0,8	SW 0,6	SSW 0,9	SW 0,3	ENE 0,2	NE 0,4	NNE 0,2	0,6
18	N 0,2	N 0,1	NNE 0,3	— 0,0	NNW 0,5	NW 0,4	NW 0,2	NNW 1,0	NW 0,4	NW 0,1	WSW 0,1	SW 0,2	0,3
19	SW 0,1	SW 0,1	SSW 0,3	NW 0,5	SW 0,7	SSW 1,2	WSW 1,6	SW 1,6	SW 0,3	NNW 0,2	WSW 0,6	WSW 0,9	0,7
20	W 1,0	WSW 1,2	SW 0,7	SW 3,1	WNW 2,8	N 5,4	N 4,8	NW 4,6	WNW 2,8	NW 3,0	NNW 1,2	NE 0,9	2,6
21	N 1,8	NNW 2,3	NNW 2,4	N 3,2	NNW 2,4	NNW 2,3	N 2,0	N 1,7	N 2,3	N 0,8	N 1,0	N 1,0	1,9
22	N 1,1	NNE 0,9	N 0,8	NW 1,0	NW 1,0	NE 2,5	NE 2,2	NNE 1,8	ENE 2,6	ESE 2,9	ESE 2,6	SE 0,5	1,7
23	NE 0,5	N 0,7	N 1,0	NE 1,0	NE 1,7	ESE 2,5	E 2,8	E 3,0	E 1,9	E 2,8	ESE 0,8	ENE 0,4	1,6
24	NNE 0,6	N 0,1	N 0,4	WNW 0,2	N 0,4	NNE 1,0	E 2,9	ESE 1,8	ENE 1,7	NE 0,7	NE 0,1	N 0,3	0,9
25	N 0,3	NW 0,3	SW 0,6	SW 0,8	WSW 1,1	SW 1,1	S 0,5	NW 0,8	NW 0,1	WNW 0,1	SW 0,8	S 0,5	0,6
26	S 0,2	S 0,4	N 0,8	WNW 0,1	S 1,2	N 0,6	NNE 1,0	NW 1,0	NE 0,8	N 0,3	NNE 0,9	N 0,4	0,7
27	NNE 0,3	ENE 1,6	SE 1,2	ESE 0,1	ESE 1,9	ESE 1,0	ESE 1,7	SE 1,2	E 1,2	S 1,3	W 0,7	WNW 0,6	1,2
28	NNW 0,5	N 0,2	W 0,1	NNW 0,2	SSW 0,7	NNE 2,0	E 1,0	NE 0,7	ENE 0,8	NE 0,6	NNE 0,4	E 0,8	0,7
29	E 0,8	E 1,7	S 0,4	ESE 0,9	ENE 1,0	ENE 1,3	NE 0,9	NE 1,2	NNW 0,8	NNE 0,7	NNE 0,7	NE 0,7	0,9
30	ENE 1,0	NE 0,6	S 0,5	SSW 0,9	SW 1,1	S 1,4	W 0,8	SW 0,8	WSW 0,9	W 0,8	SW 0,3	ESE 1,0	0,9
31	SE 1,7	SE 1,2	SE 1,4	SE 0,4	SE 1,0	SE 1,2	SSW 1,0	WSW 1,1	W 0,7	WSW 0,6	N 0,7	N 0,3	1,0
M.M.	1,49	1,51	1,48	1,72	1,75	2,40	2,38	2,32	1,89	1,51	1,37	1,29	1,73

a. Directe Ablesungen.

Tag	Luftdruck auf 0° reducirt in Millim. = 700mm +				Lufttemperatur nach Celsius			
	7h	2h	9h	Tagesmittel	7h	2h	9h	Tagesmittel
	mm	mm	mm	mm	°	°	°	°
1	55,3	55,8	56,5	55,86	2,4	2,3	1,8	2,17
2	56,4	55,3	54,9	55,54	2,2	2,6	1,5	2,10
3	54,7	54,0	54,2	54,29	0,3	1,8	1,5	1,05
4	54,2	54,3	55,5	54,67	1,6	4,6	2,6	2,93
5	56,0	55,7	55,8	55,82	1,6	2,1	1,7	1,80
6	55,2	54,9	55,1	55,04	1,5	1,8	1,6	1,68
7	55,5	55,6	56,2	55,70	0,9	1,9	1,6	1,47
8	56,4	56,8	57,6	56,91	1,2	1,8	0,7	1,25
9	57,5	58,1	59,5	58,38	0,1	1,9	1,2	1,10
10	60,2	60,6	60,9	60,58	—0,1	2,4	—1,7	0,20
11	60,1	57,3	57,0	58,16	—5,4	1,4	—3,4	—2,47
12	55,6	54,1	53,3	54,30	—2,4	—0,1	—0,6	—1,08
13	53,2	50,1	49,2	50,82	—3,8	1,8	0,5	—0,50
14	48,6	47,0	46,7	47,44	0,5	4,5	—0,3	1,57
15	46,1	46,0	47,0	46,34	0,9	4,2	3,6	2,90
16	53,9	55,2	54,9	54,67	2,8	4,6	0,6	2,67
17	52,9	58,1	53,4	55,14	1,1	3,9	3,0	2,67
18	51,4	49,5	50,3	50,41	4,3	12,3	11,9	9,47
19	53,0	53,8	54,6	53,80	9,7	11,1	8,0	9,60
20	54,7	55,2	56,9	55,62	3,6	7,6	6,8	6,00
21	59,1	60,7	61,7	60,50	6,7	8,5	8,2	7,80
22	62,8	60,9	60,3	60,98	7,4	9,8	6,9	8,03
23	56,7	52,9	51,3	53,62	4,4	8,6	6,0	6,33
24	49,0	48,3	47,5	48,26	3,3	3,7	2,4	3,16
25	47,6	49,8	53,7	50,37	—1,6	—0,6	—1,6	—1,27
26	56,3	56,4	55,2	55,95	—1,1	—0,1	—3,2	—1,47
27	50,8	47,4	44,8	47,65	—2,4	0,8	1,5	—0,13
28	39,3	36,8	31,2	35,74	2,7	3,6	3,3	3,20
29	21,8	21,9	22,1	21,59	4,8	3,6	3,7	4,03
30	36,2	40,0	39,5	38,54	0,7	2,5	1,7	1,63
Mittel	52,29	51,91	51,85	52,01	1,59	3,80	2,39	2,09

Tag	Dunstdruck in Millimetern				Relative Feuchtigkeit				Richtung und Stärke des Windes (Scala: 0 — 10)		
	7h	2h	9h	Tages-mittel	7h	2h	9h	Tages-mittel	7h	2h	9h
	mm	mm	mm	mm							
1	4,7	4,6	4,6	4,6	85	84	88	86	NNW 2	N 2	N 1
2	4,4	4,5	4,3	4,4	82	80	83	82	E 2	— 0	NE 2
3	4,1	4,1	4,2	4,1	87	82	82	84	— 0	SE 2	E 2
4	4,1	4,2	4,2	4,2	80	67	75	74	SE 4	ESE 4	SE 3
5	4,2	4,1	4,3	4,2	82	77	84	81	S 2	SW 3	SSW 2
6	4,8	4,2	4,0	4,2	88	80	78	80	SE 2	SE 1	— 0
7	4,1	4,1	4,3	4,2	82	78	84	81	SE 2	ESE 2	SE 2
8	4,3	4,1	4,0	4,1	85	78	83	82	SE 2	— 0	W 1
9	3,9	4,1	4,4	4,1	85	78	87	83	— 0	NE 3	NE 3
10	4,0	3,2	2,7	3,3	87	57	68	71	E 2	E 3	SE 2
11	2,4	2,1	2,2	2,2	80	41	62	61	E 4	SE 5	SE 5
12	2,6	4,0	3,8	3,6	67	87	66	80	SSE 2	S 1	S 2
13	3,0	3,4	4,0	3,5	89	69	45	68	— 0	W 1	— 0
14	4,3	3,6	4,1	4,0	89	57	92	80	SSW 3	ESE 2	SSW 1
15	4,0	5,0	5,4	4,8	80	80	92	84	— 0	SSW 1	SE 3
16	4,7	4,0	4,2	4,3	82	64	80	75	W 3	— 0	SW 2
17	4,7	5,5	5,5	5,2	94	90	96	93	NW 1	— 0	— 0
18	5,9	8,8	6,9	6,7	96	75	87	86	SW 1	W 3	W 6
19	7,1	7,7	6,3	7,0	79	78	72	76	W 2	W 3	WSW 2
20	4,9	5,8	5,7	5,5	83	74	77	78	SW 4	SW 6	W 3
21	5,5	6,9	6,3	5,8	73	71	78	74	W 3	W 2	W 3
22	6,5	6,1	5,9	6,2	86	68	80	78	SSW 1	WNW 1	SW 2
23	5,3	5,9	5,1	5,4	86	70	74	76	WSW 3	WNW 2	W 5
24	5,1	3,5	3,7	4,1	88	58	68	71	NW 3	W 4	W 4
25	3,8	4,0	3,9	3,9	80	68	74	74	W 3	NNW 4	NW 3
26	3,1	2,9	2,7	2,9	73	63	76	71	NW 2	NNW 2	SSE 3
27	2,9	2,9	3,7	3,2	77	61	72	70	SW 3	SW 5	S 2
28	4,4	3,9	4,5	4,3	79	65	78	74	SW 6	SW 6	SW 7
29	5,0	4,0	4,4	4,5	78	67	73	73	SW 4	SW 6	SW 5
30	3,7	3,5	3,6	3,6	78	63	69	69	W 5	NNW 5	SSW 4
Mittel	4,3	4,1	4,1	4,4	82	71	79	77	2,3	2,6	2,5

Tag	Bewölkung (Scala: 0 = heiter, 10 = trüb) und Wolkenzug				Niederschlag in Millimetern	Bemerkungen.
	7h	2h	9h	Tagesmittel		
1	S 10 ···	S 10 ···	S 10 ···	10,0	···	Morgens dunstig.
2	S 10 ···	S 10 ···	S 10 ···	10,0	···	Abends dunstig.
3	S 10 ···	S 10 ···	S 10 ···	10,0	···	Morgens u. Nachmittags ≡.
4	S 10 ···	FHS 9 SE	S 10 ···	9,7	···	Morgens ≡₁.
5	S 10 ···	S 10 ···	S 10 ···	10,0	···	
6	S 10 ···	S 10 ···	S 10 ···	10,0	···	Nachmittags ≡₁.
7	S 10 ···	S 10 ···	S 10 ···	10,0	···	Tagsüber ≡₁.
8	S 10 ···	S 10 ···	S 9 ···	9,7	···	Tagsüber ≡₁.
9	S 10 ···	S 10 ···	S 10 ···	10,0	···	Tagsüber ≡₁.
10	HS 10 E	F 1 ···	F 1 ···	4,0	···	Nachmittags dunstig.
11	S 3 ···	··· 0 ···	··· 0 ···	1,0	···	Morgens ≡₁ u. ⊔.
12	HS 10 SW	S 10 ···	FS 3 ···	7,7	···	Nachmittags ≡₁, 2h ●tropfen, Abends ≡₁.
13	S 10 ···	HS 9 W	FH 4 ···	7,7	···	Morgens ⊔ u. ≡₁.
14	FHS 7 ···	··· 0 ···	S 3 ···	3,3	···	Morgens ≡₁, Abends ≡₁.
15	S 10 ···	S 10 ···	S 10 ···	10,0	2,2	Morgens ≡₁, 8½h ●, Abends ≡₁, Nachts ●.
16	FH 7 NW	FHS 4 ···	S 7 ···	6,0	0,5	Abends ≡₁, Nachts ●.
17	S 10 ···	S 10 ···	S 10 ···	10,0	0,5	Morgens ≡₁, 10h ●, Nachmittags u. Abends ≡₁.
18	S 10 ···	F 3 SW	··· 0 ···	4,3	···	Morgens ≡₁.
19	HS 10 NW	HS 9 W	··· 0 ···	6,3	···	Morgens ≡₁.
20	FS 7 ···	FHS 9 NW	FH 6 ···	7,3	···	
21	HS 9 N	HS 10 N	S 10 ···	9,7	···	
22	S 10 ···	FHS 9 ···	HS 9 ···	9,3	···	Morgens ≡₁.
23	S 10 ···	FS 3 ···	S 10 ···	7,7	0,8	Morgens ≡₁, Nachts ●.
24	S 10 ···	FHS 7 NW	HS 9 ···	8,7	1,1	Morgens u. Vormittags ●, 6½h u. Nachts ✳.
25	FHS 7 ···	FH 7 N	HS 10 ···	8,0	···	
26	HS 10 NW	HS 10 NW	··· 0 ···	6,7	···	Abends dunstig.
27	S 10 ···	S 10 ···	S 10 ···	10,0	5,4	22h, 0h ✳flocken, 7½h, 9½h ●tropfen, Nachts ●.
28	S 10 ···	FHS 9 W	HS 10 ···	9,7	4,1	Morgens ● mit ✳, 23h ✳flocken, 7h ●, Abends stürmisch.
29	HS 10 ···	FHS 7 SW	HS 10 SW	9,0	···	Morgens ≡₁, Nachmittags u. Abends zeitw. stürmisch.
30	HS 10 NW	HS 2 ···	FHS 3 ···	5,0	···	Nachmittags stürmisch.
Mittel	9,3	7,4	7,1	8,0	Σ 14,6	

b) Autographische Aufzeichnungen.

Luftdruck auf 0° reducirt in Millimetern = 700mm +

Tag	12h	14h	16h	18h	20h	22h	0h	2h	4h	6h	8h	10h	Tagesmittel	Max.	Min.
	mm	mm	mm	mm	mm	mm	mm	mm	mm	mm	mm	mm	mm	mm	mm
1	55,1	54,9	54,7	55,0	55,4	55,6	55,8	55,8	55,6	56,0	56,2	56,1	55,55	56,3	54,7
2	55,7	56,7	56,5	56,4	56,6	57,5	57,1	56,3	55,2	55,2	55,1	55,0	56,11	57,5	55,0
3	55,0	54,6	54,4	54,4	54,8	54,8	54,5	54,0	53,9	53,9	54,0	54,2	54,37	55,0	53,9
4	54,0	54,3	53,9	54,0	54,5	54,7	54,6	54,3	54,6	55,2	55,6	55,8	54,62	55,8	53,9
5	55,9	55,6	54,0	55,9	56,2	56,4	56,2	55,7	55,6	55,8	55,8	55,9	55,94	56,4	55,6
6	55,8	55,5	54,0	54,1	55,3	55,6	55,3	54,9	54,7	54,7	54,9	55,4	55,02	55,8	54,0
7	55,5	55,1	54,9	55,2	55,6	55,9	55,9	55,6	55,4	55,3	55,2	56,4	55,50	56,4	54,9
8	56,5	56,4	56,1	56,2	56,6	57,2	56,9	56,8	56,4	56,5	56,6	57,8	56,68	57,8	56,1
9	57,8	57,6	57,4	57,3	57,7	58,2	58,3	58,1	58,1	58,7	59,4	59,7	58,19	59,7	57,3
10	59,9	59,8	59,7	59,8	60,8	61,1	61,1	60,8	60,4	60,5	60,7	61,1	60,46	61,2	59,7
11	61,0	60,6	60,3	60,1	60,1	59,5	58,6	57,3	56,9	56,9	56,9	57,0	58,77	61,0	56,8
12	56,9	56,4	55,7	55,5	55,7	55,5	55,0	54,1	54,7	54,7	54,2	53,2	55,13	56,9	53,2
13	53,1	52,7	52,4	52,2	52,3	52,0	51,0	50,1	49,1	49,0	49,2	49,3	51,06	53,1	49,0
14	49,0	48,8	48,3	48,3	48,8	48,7	48,0	47,0	46,3	46,5	46,8	46,8	47,77	49,0	46,3
15	46,7	46,3	46,3	46,0	46,4	46,5	46,5	46,0	45,8	46,2	46,6	47,1	46,37	47,1	45,7
16	48,9	50,6	51,7	53,0	54,4	55,6	56,6	55,2	55,3	55,2	55,0	55,0	53,78	56,2	48,9
17	54,4	53,8	53,0	52,6	53,1	53,7	53,6	53,1	53,1	52,9	53,3	53,5	53,37	54,4	52,6
18	53,0	52,7	52,2	51,4	51,6	51,0	50,3	49,5	49,4	49,6	50,0	50,9	50,96	53,0	49,3
19	51,7	51,9	52,3	52,6	53,4	54,1	54,2	53,8	53,7	54,0	54,5	54,6	53,40	54,6	51,7
20	54,7	54,7	55,0	54,8	56,1	56,8	56,6	55,2	55,3	56,0	56,6	57,0	55,40	57,0	54,6
21	57,2	57,8	58,3	58,8	59,7	60,3	60,6	60,7	60,8	61,1	61,5	61,8	59,92	57,7	61,8
22	61,9	62,0	61,9	61,8	62,2	62,1	61,6	60,9	61,0	60,7	60,5	60,1	61,40	62,2	60,3
23	59,7	58,8	58,0	57,1	56,6	55,8	54,1	52,9	51,9	51,6	51,7	50,9	54,93	59,7	50,9
24	50,1	49,3	48,7	48,6	49,3	49,1	48,9	48,3	47,9	47,8	47,8	47,2	48,61	50,3	47,2
25	46,1	45,5	46,0	47,2	48,4	49,2	49,5	49,8	51,1	52,3	53,6	54,1	49,40	54,4	45,4
26	54,8	55,2	55,5	56,2	56,9	57,6	57,3	56,4	56,2	56,1	55,8	54,6	56,07	57,7	54,6
27	54,1	52,7	51,7	50,8	50,3	49,8	48,2	47,4	46,8	46,4	45,4	43,7	48,94	54,1	43,7
28	41,9	40,5	39,9	39,2	39,4	39,3	38,3	36,8	35,5	34,6	31,8	30,1	37,29	41,9	30,3
29	29,0	28,7	23,3	22,1	21,7	21,6	21,7	21,9	21,4	21,0	20,8	21,5	22,55	29,0	20,8
30	23,7	27,7	31,1	34,6	37,8	39,5	40,2	40,0	40,3	40,7	40,1	39,2	36,23	40,7	21,5
Mittel	52,32	52,15	51,97	52,05	52,56	52,78	52,44	51,92	51,73	51,85	51,84	51,88	52,13	52,29	49,42

Tag	Lufttemperatur nach Celsius														
	12h	14h	16h	18h	20h	22h	0h	2h	4h	6h	8h	10h	Tagesmittel	Max.	Min.
1	3,9	3,0	2,9	2,8	2,6	2,7	2,6	2,4	2,3	2,0	1,8	1,1	2,35	3,9	1,7
2	1,9	2,0	2,1	2,2	2,3	2,4	2,4	2,6	2,6	2,2	1,8	1,3	2,15	2,8	1,1
3	1,1	0,9	0,5	0,3	0,2	0,6	1,0	1,4	1,8	1,5	1,5	1,6	1,02	2,3	0,2
4	1,2	1,3	1,4	1,4	1,9	2,4	4,0	4,6	3,9	3,2	2,7	2,3	2,52	4,7	1,2
5	1,9	1,9	1,7	1,6	1,5	1,7	1,9	2,1	2,1	1,9	1,8	1,5	1,80	2,1	1,3
6	1,3	1,4	1,5	1,5	1,5	1,5	1,8	1,9	1,9	1,8	1,6	1,4	1,60	2,0	1,3
7	1,0	0,9	0,9	0,8	0,9	1,2	1,7	1,9	1,8	1,7	1,2	1,6	1,30	2,0	0,8
8	1,3	1,2	1,2	1,2	1,2	1,3	1,5	1,8	1,6	1,3	0,7	0,6	1,24	1,8	0,6
9	0,8	0,6	0,5	0,1	0,0	0,2	1,1	1,9	1,1	1,8	1,4	1,5	0,90	2,5	0,0
10	1,0	0,6	0,5	0,4	—0,4	—0,1	1,1	2,4	1,2	—0,3	—1,4	—2,4	0,28	2,7	—3,6
11	—3,6	—3,6	—4,9	—5,4	—5,2	—2,6	0,0	1,1	1,0	—1,1	—2,8	—4,1	—2,60	1,2	—5,4
12	—4,5	—4,4	—3,8	—2,8	—2,1	—1,6	—3,8	0,0	0,1	0,1	—0,1	—0,9	—1,73	0,2	—4,8
13	—2,0	—2,5	—3,3	—3,7	—3,7	—1,3	0,2	1,8	2,2	1,2	0,8	—0,2	—0,88	2,4	—3,6
14	—0,5	—0,4	—0,2	0,3	0,3	1,0	2,4	4,5	4,2	1,7	0,5	—0,4	1,12	4,5	—1,0
15	—1,0	—0,5	0,3	0,6	1,3	2,4	3,3	4,4	4,6	4,3	4,1	5,6	2,45	6,0	—1,1
16	2,7	2,9	2,8	2,7	2,6	3,5	4,4	4,6	4,3	2,2	1,0	0,6	2,86	4,6	0,5
17	0,7	1,0	1,0	1,2	1,4	1,7	2,6	4,0	3,7	3,4	3,2	3,2	2,26	4,0	0,7
18	3,4	3,6	3,8	4,2	5,1	5,8	8,6	12,3	11,5	10,1	11,2	11,3	7,56	13,6	3,4
19	8,8	8,7	8,7	9,7	9,7	9,1	11,0	11,1	10,0	8,9	8,4	7,0	9,26	11,0	5,5
20	5,5	5,9	5,8	5,6	5,8	5,8	6,4	7,6	7,7	7,0	6,9	7,1	6,42	7,7	3,1
21	6,7	7,1	7,3	6,9	6,7	7,4	8,5	8,5	7,8	7,7	8,3	7,8	7,56	8,6	6,7
22	7,7	7,6	7,5	7,4	7,5	7,9	8,8	9,8	8,5	7,5	7,3	7,0	7,88	9,8	6,5
23	6,5	6,0	5,8	5,2	4,3	4,6	5,7	8,6	9,2	7,3	5,8	6,2	6,28	8,6	4,5
24	6,0	5,8	6,2	6,5	3,9	3,4	3,4	3,5	3,1	3,2	2,7	2,4	4,17	6,5	2,1
25	2,1	0,9	—0,7	—1,8	—1,8	—1,9	—0,8	—0,6	—1,0	—1,8	—1,8	—1,7	—0,86	2,3	—2,0
26	—1,5	—1,4	—1,3	—1,1	—1,9	—1,5	—0,3	—0,1	—0,6	—1,6	—2,5	—3,6	—1,45	0,1	—3,7
27	—3,6	—3,6	—3,3	—2,9	—2,1	1,0	0,0	0,5	1,3	1,2	1,3	1,5	—0,72	2,1	—3,8
28	2,1	2,4	2,4	2,7	2,3	2,1	2,6	3,6	3,6	1,7	2,8	3,5	2,65	4,3	1,9
29	4,3	4,0	3,8	5,0	4,4	3,6	3,5	3,6	3,2	3,5	3,5	3,6	3,83	5,2	3,2
30	3,3	3,2	2,0	1,1	—0,2	0,0	1,3	2,4	2,9	2,8	1,9	1,7	1,87	3,3	—0,7
M. M.	1,95	1,88	1,77	1,76	1,67	2,14	3,00	3,80	3,60	2,80	2,53	2,28	2,44	4,43	0,55

Tag	Richtung (R), Geschwindigkeit (G) des Windes in 1 Secunde in Metern.												Tagesmittel
	12h	14h	16h	18h	20h	22h	0h	2h	4h	6h	8h	10h	
	R G	R G	R G	R G	R G	R G	R G	R G	R G	R G	R G	R G	G
1	W 1,0	NW 1,0	NW 0,8	NW 0,6	NNW 0,9	NNW 1,1	N 1,8	NNE 1,7	NW 1,7	N 1,1	WNW 0,6	NNW 0,4	1,1
2	N 0,3	E 0,8	ESE 0,9	ESE 1,4	SE 1,7	SE 1,6	ESE 1,6	E 1,3	E 1,2	E 1,3	ESE 1,4	SE 1,2	1,2
3	SSE 0,8	ESE 1,0	SE 0,9	SE 1,0	SE 0,9	SE 1,9	ESE 1,1	ESE 1,4	ESE 1,5	ENE 1,6	ESE 2,1	E 1,7	1,3
4	SE 1,4	SE 1,6	ESE 1,8	E 2,0	SE 2,5	SE 2,7	SE 2,8	SSE 2,8	SE 2,8	SSE 2,9	SSE 2,2	SSE 2,0	2,3
5	S 1,8	SSE 1,4	S 1,7	S 1,7	SE 2,4	SSW 2,3	SSE 1,2	SSE 1,7	SSW 1,3	SSE 1,4	S 1,7	SSE 1,2	1,7
6	SSE 0,8	S 0,6	S 0,9	S 0,8	SSE 1,6	SSW 1,7	S 1,5	SE 1,4	SSE 1,0	SE 0,7	SSE 0,4	SE 0,9	1,0
7	SE 0,6	SSW 0,7	SE 0,7	SSE 0,8	SSE 1,0	SE 1,2	ESE 1,6	ESE 1,6	E 1,0	SE 1,3	SE 1,0	ESE 1,2	1,1
8	SE 1,4	SE 0,7	SE 1,2	ESE 1,5	E 1,1	SE 1,0	S 0,7	SE 0,7	ENE 0,8	ESE 0,4	NNE 0,4	W 0,8	0,9
9	WSW 0,3	S 0,3	SSW 1,0	N 0,5	SE 1,1	SE 1,1	ESE 0,8	E 1,4	N 1,1	NE 1,7	ENE 1,7	NNE 1,1	1,0
10	N 1,2	N 0,7	ENE 1,3	ESE 2,1	ESE 2,3	SE 1,3	E 2,0	E 3,0	ESE 3,2	SE 3,0	SE 1,9	SE 1,8	2,1
11	ESE 2,3	ESE 3,0	E 3,0	E 3,6	E 4,0	ESE 3,2	SE 3,9	SE 3,5	SE 3,0	SE 2,7	SE 2,7	SE 2,2	3,1
12	SE 1,0	SE 1,8	SE 1,7	S 1,6	S 2,5	S 1,9	S 1,2	SSW 2,0	S 1,6	SSE 1,0	SSE 1,2	S 1,2	1,5
13	S 1,0	S 0,7	SE 0,2	SE 0,2	SW 0,6	S 1,8	NW 0,8	W 0,6	W 0,4	WNW 0,3	NNW 0,3	N 0,5	0,6
14	N 0,4	N 0,6	NNE 0,5	S 1,8	S 2,0	S 1,3	SE 1,3	ESE 1,8	E 2,0	ESE 1,2	SSE 0,2	SSW 0,3	1,1
15	SSW 0,3	W 0,4	NNW 0,1	NNW 0,4	SW 1,0	SSW 1,7	WSW 2,1	SSW 1,4	S 0,2	NW 0,4	NNW 0,6	SSW 3,3	1,0
16	N 0,8	NNE 1,9	NW 1,0	WNW 2,0	WNW 2,7	NW 1,7	NNW 1,0	SSE 0,9	NNE 0,7	S 0,3	SSW 0,6	SSW 0,1	1,2
17	SSW 1,4	SSE 0,4	SE 0,5	NNW 0,4	NW 0,3	N 0,8	W 1,0	SSW 0,3	ENE 0,5	NE 1,0	NE 0,9	N 0,4	0,7
18	NNE 0,3	NNE 0,2	— 0,0	SSE 0,1	SSW 0,9	S 0,5	SW 1,7	WSW 2,0	SW 2,0	SW 1,1	W 2,8	WNW 2,0	1,1
19	NNW 1,6	SW 1,8	WNW 1,4	WNW 3,1	W 1,7	S 1,2	W 1,8	W 1,0	W 0,8	WSW 1,8	WNW 2,1	WSW 1,1	1,6
20	S 1,4	SSE 1,8	SW 3,0	W 2,0	WSW 1,6	WSW 3,5	WSW 5,8	WSW 3,6	WSW 2,8	SSW 4,0	WSW 2,2	W 3,0	2,9
21	W 3,0	W 3,1	WNW 2,7	WNW 2,3	W 2,8	W 1,8	W 1,9	W 2,7	W 1,6	W 2,4	W 2,2	W 1,3	2,3
22	W 1,0	SW 0,8	SW 1,8	SSW 1,4	SSW 1,7	SW 1,0	WSW 0,5	WNW 1,1	W 2,7	WNW 2,6	WNW 1,5	NW 1,1	1,5
23	WSW 0,8	WSW 1,0	WNW 1,8	WSW 1,8	WSW 2,7	SW 2,0	WSW 1,6	WSW 1,8	N 2,9	NNW 2,2	NNW 2,0	W 1,1	1,8
24	SW 1,2	W 1,4	W 1,6	NW 1,0	WNW 1,6	W 0,8	W 1,8	W 2,0	W 1,0	W 1,7	W 2,2	W 2,8	1,6
25	W 4,7	W 3,6	N 3,1	W 3,5	WNW 2,9	W 1,2	NNW 2,0	N 3,0	N 3,0	N 3,7	N 3,4	W 4,0	3,2
26	NW 4,0	WNW 4,3	WNW 3,1	WNW 2,8	NNW 2,9	WNW 2,9	W 3,7	W 3,6	W 1,7	W 2,5	SW 1,2	S 2,0	2,9
27	S 2,4	S 2,0	SSW 2,3	S 0,8	SW 5,0	S 4,2	SSW 5,0	SSW 4,3	SSW 4,6	S 3,9	S 1,7	SW 5,1	3,4
28	WSW 6,4	WSW 8,8	WSW 6,9	SW 6,8	SW 7,0	SW 6,4	SW 5,9	SW 5,2	SW 2,8	SW 2,7	SW 6,9	SW 7,2	6,1
29	SW 5,6	SSW 4,5	SSW 4,6	WSW 3,7	WSW 5,0	WSW 1,9	SSW 4,4	SSW 6,6	SW 5,8	SW 4,5	SW 5,2	SW 4,2	4,7
30	WSW 4,0	W 2,3	W 4,7	W 4,9	W 6,1	W 4,9	W 5,0	W 5,2	WSW 3,0	WSW 2,7	SW 2,4	SSE 1,9	4,0
M. M.	1,67	1,77	1,84	1,88	2,35	1,99	2,28	2,32	1,96	1,95	1,87	1,96	1,99

a) Directe Ablesungen.

Tag	Luftdruck auf 0° reducirt in Millim. = 700mm +				Lufttemperatur nach Celsius			
	7h	2h	9h	Tagesmittel	7h	2h	9h	Tagesmittel
1	37,3	39,6	37,7	38,11	2,6	7,0	4,0	4,50
2	41,0	42,8	43,8	42,18	3,2	6,1	1,6	2,98
3	44,8	43,9	43,6	44,25	−0,8	1,6	0,1	0,63
4	43,5	44,7	46,5	44,81	−0,5	1,6	1,7	1,00
5	46,0	45,4	46,2	45,84	3,2	6,6	4,1	4,25
6	46,6	47,7	49,0	47,75	2,1	8,7	4,1	3,30
7	49,9	50,8	50,4	50,28	2,6	2,7	2,8	2,70
8	43,8	37,1	33,2	38,00	1,1	2,3	6,3	2,90
9	32,7	33,6	34,3	33,61	4,2	5,2	2,6	3,97
10	37,3	38,2	37,7	37,71	1,8	4,3	1,1	2,40
11	32,1	32,8	34,3	32,76	1,6	3,4	6,4	3,72
12	41,5	44,5	48,6	42,85	4,4	6,3	4,1	4,98
13	40,2	44,9	46,9	43,88	8,5	6,4	3,5	6,13
14	44,4	48,4	46,0	46,62	3,8	3,7	4,4	3,97
15	46,9	48,1	50,7	48,58	2,8	3,9	3,6	3,27
16	53,7	56,1	56,3	56,01	1,7	1,4	1,3	1,47
17	57,0	57,1	57,3	57,12	0,2	0,3	0,7	0,40
18	56,7	55,1	53,7	55,19	−0,1	0,3	0,2	0,18
19	51,8	51,5	52,0	51,68	2,3	5,2	5,0	4,00
20	51,3	52,5	54,9	52,88	1,8	1,6	0,9	1,33
21	57,1	58,3	60,0	58,47	−0,5	−0,2	−0,4	−0,37
22	59,9	59,3	58,6	59,27	−1,0	0,6	0,3	−0,07
23	56,2	55,4	55,5	55,81	0,9	1,6	1,1	1,20
24	56,2	55,4	55,6	55,72	1,1	2,6	1,1	1,60
25	56,2	55,6	57,0	55,94	0,7	1,3	0,7	0,90
26	57,5	57,4	57,9	57,24	0,6	2,2	−1,2	0,53
27	56,6	55,0	55,1	55,64	−3,8	1,3	−3,2	−1,83
28	54,8	53,9	54,5	54,57	−5,1	0,0	−5,0	−3,27
29	55,0	54,0	53,5	54,16	−7,0	−5,4	−4,6	−5,67
30	50,7	47,5	45,0	47,61	−7,2	−3,9	−3,4	−4,47
31	42,3	40,4	40,4	41,08	−2,4	0,3	−1,1	−1,07
Mittel	48,45	48,43	48,69	48,52	0,70	2,41	1,21	1,44

Tag	Dunstdruck in Millimetern				Relative Feuchtigkeit				Richtung und Stärke des Windes (Scala: 0 — 10)		
	7h	2h	9h	Tagesmittel	7h	2h	9h	Tagesmittel	7h	2h	9h
1	3,7	3,6	4,7	4,0	67	68	77	64	SW 4	SW 4	SSW 4
2	4,7	5,1	4,6	4,8	67	78	91	85	W 1	E 1	ESE 1
3	4,6	3,7	4,4	4,2	98	72	98	89	ENE 4	ENE 4	ENE 4
4	3,7	4,3	4,7	4,2	85	82	91	86	SE 2	SE 2	NE 1
5	4,6	4,5	4,8	4,7	78	73	79	76	E 2	E 2	E 2
6	4,5	5,1	4,8	4,8	84	85	79	83	SW 1	WSW 0	S 1
7	4,8	4,4	4,8	4,6	85	79	80	81	SW 3	SW 3	SE 1
8	4,1	4,9	5,7	4,9	83	49	66	68	SSW 1	S 3	SW 1
9	4,9	4,9	4,7	4,8	79	74	85	79	W 6	SSW 1	SSW 1
10	4,6	4,3	4,3	4,4	86	70	87	82	SSW 2	W 3	SSW 1
11	3,9	4,9	5,7	4,8	74	85	79	79	SE 3	SSW 2	W 4
12	4,5	4,9	5,0	4,8	71	69	82	74	WSW 5	W 2	SSW 2
13	6,0	4,7	5,3	5,3	73	65	90	76	WNW 5	NNE 1	W 1
14	5,7	6,0	6,1	5,9	95	100	98	98	— 0	NNW 1	S 1
15	4,8	5,0	5,1	5,0	87	82	87	85	— 0	W 1	WSW 1
16	4,9	4,7	4,8	4,8	94	93	94	94	S 2	WSW 1	SE 1
17	4,5	4,4	4,3	4,4	98	94	89	93	S 2	SSW 3	ESE 1
18	4,1	4,8	4,1	4,1	90	90	89	90	WSW 2	SSW 1	W 2
19	4,9	4,7	4,3	4,6	91	71	76	79	— 0	W 3	W 4
20	4,1	3,7	4,6	4,1	80	72	94	82	NW 1	NNW 3	NNW 2
21	2,9	2,8	3,0	2,9	66	63	68	66	NNW 3	N 3	NW 1
22	3,2	3,6	4,4	3,7	76	73	94	81	NNW 3	NNW 3	SW 1
23	4,1	3,7	3,9	3,9	82	75	79	78	W 3	W 3	W 3
24	4,1	4,2	3,9	4,1	83	75	79	79	W 2	— 0	— 0
25	4,2	3,8	4,4	4,1	87	76	90	84	SW 1	— 0	— 0
26	4,2	3,7	3,4	3,8	87	68	80	78	SSW 2	SW 2	SW 3
27	2,8	3,9	3,4	3,4	80	75	94	83	SW 3	ENE 1	— 0
28	2,9	3,7	2,8	3,1	93	81	90	88	SSE 1	NNE 1	NNW 1
29	2,6	3,0	2,8	2,8	97	85	100	94	— 0	NW 1	N 1
30	2,4	2,7	2,8	2,6	98	71	80	82	— 0	SSW 1	ESE 1
31	3,4	3,5	4,2	3,7	85	74	98	86	S 3	ENE 3	— 0
Mittel	4,1	4,2	4,4	4,2	84	77	87	83	2,5	1,9	1,5

Tag	Bewölkung (Scala: 0 = heiter, 10 = trüb) und Windrichtung: 7ʰ			2ʰ			9ʰ			Tagesmittel	Niederschlag in Millimetern	Bemerkungen.
1	S	10	···	FHS	8	···	HS	10	NW	9,4	···	
2	S	10	···	FHS	9	S	S	10	···	9,7	1,1	Morgens ≡₁, Nachts ✱.
3	S	10	···	FHS	10	···	HS	10	···	10,0	0,2	Morgens ≡₁, Morgens u. Vormittags ✱.
4	S	10	···	S	10	···	S	10	SE	10,0	···	Morgens ≡₁, 2ʰ ✱, Nachmittags u. Abends ≡₁.
5	HS	10	···	FHS	8	···	S	10	···	9,3	···	Morgens ≡₁.
6	HS	10	···	S	10	···	S	10	···	10,0	···	Morgens ≡₁, Nachmittags ≡₁.
7	S	10	···	HS	10	···	S	10	W	10,0	···	10,5ʰ ● tropfen, tagsüber ≡₁.
8	FHS	9	···	S	10	···	S	10	···	9,7	6,6	Morgens ≡₁, tagsüber ● u. ✱.
9	FHS	3	···	FS	10	···	HS	10	···	7,7	···	
10	FHS	8	···	FHS	6	W	···	0	···	4,7	···	Morgens ≡₁.
11	HS	10	···	FHS	10	···	S	10	···	10,0	0,2	Morgens ≡₁ u. ⌐ 10½ʰ bis 2¾ʰ ✱, 3ʰ, 8ʰ u. 9ʰ ●.
12	FHS	10	···	FH	7	NW	S	10	···	9,0	···	
13	HS	10	···	FHS	6	W	S	10	···	8,8	1,3	9ʰ u. Nachts ●.
14	S	10	···	S	10	···	S	10	···	10,0	0,2	Morgens bis Mittag ≡₁.
15	S	10	···	S	10	···	S	10	···	10,0	···	Morgens ≡₁, Nachmittags ≡₁.
16	S	10	···	S	10	···	S	10	···	10,0	···	Morgens ≡₁, tagsüber ≡₁.
17	S	10	···	S	10	···	S	10	···	10,0	···	Morgens bis Mittag ≡₁.
18	S	10	···	S	10	···	S	10	···	10,0	···	Morgens ≡₁.
19	S	10	···	HS	10	N	FS	2	···	7,3	···	Morgens ≡₁, 20ʰ schwacher ●.
20	HS	8	NW	HS	10	···	HS	10	···	9,3	···	Morgens ⌐, 2ʰ u. 9ʰ ✱flocken.
21	HS	10	S	HS	10	N	HS	10	···	10,0	···	
22	S	10	···	HS	10	···	S	10	···	10,0	0,1	Morgens ≡₁, Vormittags ✱.
23	S	10	···	S	10	···	HS	10	···	10,0	0,8	Morgens ≡₁, 7ʰ ✱.
24	S	10	···	S	10	···	S	10	···	10,0	···	
25	S	10	···	HS	9	···	S	10	···	9,7	···	Vormittags, 2ʰ, 9ʰ ✱.
26	HS	10	···	···	0	···	HS	9	···	6,3		Morgens ≡₁.
27	FS	7	···	···	0	···	S	2	···	3,0		Tagsüber ≡₁.
28	S	7	···	FS	3	···	S	2	···	4,0		Morgens ≡₁ u. ⌐, Nachmittags ≡₁.
29	S	10	···	FHS	4	···	···	0	···	4,7		Morgens ≡₁ u. ⌐, Nachmittags u. Abends ≡₁.
30	S	10	···	FHS	8	···	S	10	···	9,3		Morgens ≡₁ u. ⌐, Nachmittags ≡₁.
31	S	10	···	FHS	8	SE	S	10	···	9,3		Morgens ≡₁, tagsüber dunstig, 9ʰ ✱.
Mittel		9,5			7,9			8,8		8,7	S. 10,4	

b) Autographische Aufzeichnungen.

Luftdruck auf 0° reducirt in Millimetern = 700mm +

Tag	12ʰ	14ʰ	16ʰ	18ʰ	20ʰ	22ʰ	0ʰ	2ʰ	4ʰ	6ʰ	8ʰ	10ʰ	Tagesmittel	Max.	Min.
	mm	mm	mm	mm	mm	mm	mm	mm	mm	mm	mm	mm	mm	mm	mm
1	36,9	38,2	38,0	37,8	37,3	38,7	36,5	36,6	36,6	36,9	37,5	37,9	37,38	38,9	36,5
2	38,6	39,1	39,4	40,2	41,5	42,3	42,3	42,8	43,3	44,3	45,2	46,2	42,10	46,2	38,6
3	46,3	46,4	46,2	46,1	46,2	46,1	44,9	43,9	43,0	42,7	42,7	42,6	44,77	46,5	42,6
4	42,7	42,8	43,3	43,2	44,0	44,8	44,8	44,7	45,1*	45,6*	46,1*	46,2	44,44	46,4	42,7
5	46,4	46,4	45,9	46,1	46,0	46,9	45,6	46,1	46,3	46,6	45,8	46,0	45,97	46,4	45,3
6	46,2	46,5	46,3	46,4	46,8	47,6	47,7	47,7	48,0	48,3	48,9	49,3	47,44	46,9	49,3
7	48,4	49,4	49,5	49,7	50,3	51,0	51,1	50,6	50,5	50,7	50,4	49,9	50,21	51,1	49,4
8	49,1	48,1	46,5	44,8	42,8	41,3	39,7	37,1	35,6	34,1	33,4	34,7	40,84	49,1	32,7
9	32,3	32,0	32,3	32,6	33,4	34,1	32,9	33,6	33,3	33,5	33,9	34,4	33,28	34,4	32,0
10	35,2	35,4	36,0	37,0	37,7	38,3	38,3	38,2	38,8	38,6	38,1	37,4	37,41	38,8	35,2
11	36,8	34,6	33,1	32,2	32,1	32,0	31,9	31,8	31,9	32,4	33,5	35,3	33,05	37,3	31,8
12	37,3	38,6	39,8	41,1	42,5	43,7	44,5	44,5	44,3	44,0	43,0	41,8	42,09	44,6	37,3
13	40,5	39,9	38,0	39,3	41,2	43,5	44,6	44,9	40,4	45,7	45,8	45,8	42,88	45,9	38,0
14	45,6	45,5	45,3	45,5	45,4	46,0	45,9	45,4	45,1	45,7	46,0	46,2	45,62	46,8	45,5
15	46,6	46,7	47,8	47,7	47,1	47,7	49,0	48,1	48,9	49,7	50,5	51,2	48,33	51,6	46,6
16	51,6	52,3	52,7	53,3	54,0	54,9	55,9	56,1	56,1	55,7	56,1	56,6	54,61	56,8	51,6
17	56,9	57,0	57,0	57,0	57,0	57,0	57,5	57,1	57,1	57,3	57,4	57,6	57,19	57,6	56,8
18	57,3	57,2	56,9	56,6	56,7	56,6	55,8	56,1	54,9	54,5	53,9	53,4	55,75	57,3	52,5
19	52,5	51,8	51,2	51,1	51,5	52,0	51,5	51,5	51,5	52,0	53,1	52,0	51,71	52,5	51,0
20	51,9	51,3	51,0	51,0	51,9	52,4	53,8	52,5	52,9	53,8	54,5	55,1	52,69	55,4	51,0
21	55,4	56,0	56,2	56,7	57,6	58,4	58,5	58,3	59,0	59,5	59,9	60,2	57,97	60,2	55,4
22	60,2	60,0	60,0	59,7	60,0	60,1	59,7	59,3	59,2	58,9	58,7	58,6	59,55	60,2	58,3
23	58,3	57,8	57,3	56,4	56,4	56,8	56,1	55,4	55,1	55,5	55,6	55,8	56,44	58,3	55,4
24	56,0	56,0	56,1	56,1	56,1*	56,0*	56,0*	55,6	55,4	56,4	55,5	55,0	55,85	56,0	55,2
25	55,2	54,9	54,9	55,2	55,3	55,4	55,8	56,8	56,1	56,4	56,8	57,1	55,71	57,3	54,9
26	57,3	57,4	57,1	57,2	57,6	57,9	57,8	57,4	57,1	57,1	57,2	57,0	57,34	57,9	57,0
27	57,2	56,4	56,8	56,4	56,9	57,0	56,3	56,0	56,2	55,9	55,2	55,1	56,08	57,2	55,0
28	55,3	55,3	55,3	54,6	55,1	55,3	54,5	53,9	53,7	54,0	54,4	54,3	54,65	55,3	53,7
29	54,4	51,8	54,9	54,8	55,3	55,6	54,9	54,0	53,6	53,7	53,8	53,4	51,42	55,6	52,8
30	52,8	52,1	51,1	50,4	50,4	50,2	48,9	47,5	46,4	45,8	45,3	44,7	48,85	52,8	43,9
31	43,9	43,3	42,9	43,3	42,4	42,3	41,5	40,4	40,3	40,5	40,4	40,4	41,72	43,9	39,9
Mittel	48,61	48,48	48,32	48,36	48,66	49,03	48,70	48,35	48,33	48,46	48,63	48,71	48,56	50,44	46,71

*) Interpolirt.

Tag	Lufttemperatur nach Celsius 12h	14h	16h	18h	20h	22h	0h	2h	4h	6h	8h	10h	Tagesmittel	Max.	Min.
1	1,8	2,5	2,9	2,5	2,9	4,0	6,6	7,0	6,0	5,0	4,1	3,7	4,01	7,3	1,8
2	3,1	2,7	2,4	2,2	2,3	2,9	4,2	5,1	3,9	2,6	1,7	0,7	2,82	5,1	0,0
3	0,0	−0,3	−0,4	−0,4	−0,2	0,5	−0,3	1,6	1,7	1,0	0,3	0,3	0,31	1,8	−0,6
4	0,2	−0,5	−0,9	−0,7	−0,4	0,3	1,2	1,8	2,0	2,1	1,7	1,9	0,74	2,2	−0,9
5	2,2	2,5	2,7	2,9	3,5	4,4	4,6	5,4	5,0	4,4	4,2	3,4	3,77	5,4	2,2
6	3,0	3,4	3,1	2,1	2,2	2,4	3,1	3,7	4,7	4,4	4,4	4,0	3,37	4,4	2,0
7	3,8	3,3	3,1	2,9	2,3	2,3	2,5	2,7	2,7	2,8	2,8	2,7	2,82	3,8	2,2
8	2,2	2,3	1,7	1,1	1,2	1,9	1,8	2,3	3,8	4,5	5,2	5,6	2,80	5,6	1,1
9	5,5	5,5	5,2	4,3	4,0	3,5	4,6	5,3	4,6	3,3	2,8	2,6	4,27	5,5	2,4
10	2,4	2,3	2,2	1,9	2,1	2,9	3,8	4,3	3,5	2,9	1,8	0,8	2,57	4,3	0,3
11	0,3	0,3	0,6	1,2	1,4	1,5	2,4	3,4	4,2	5,3	6,5	6,2	2,77	6,5	0,3
12	5,8	5,6	5,2	4,4	4,4	4,9	5,7	6,3	5,6	4,4	3,7	4,1	5,01	6,3	3,7
13	4,6	5,3	6,2	8,3	8,6	7,6	6,5	6,4	5,5	4,2	3,8	3,7	5,89	8,8	3,5
14	3,9	4,1	4,0	3,8	3,8	3,2	3,5	3,7	4,0	4,5	4,5	4,0	3,86	4,7	2,4
15	2,4	2,1	2,3	2,4	2,3	2,8	3,2	3,9	4,2	4,0	3,7	3,5	3,07	4,1	2,1
16	2,8	2,6	2,4	1,7	1,7	1,4	1,7	1,4	1,3	1,7	1,3	1,1	1,76	2,8	0,8
17	0,8	0,0	0,1	0,0	−0,1	−0,1	0,0	0,3	0,5	0,1	0,4	0,5	0,20	0,8	−0,3
18	0,4	0,5	0,4	0,2	0,4	0,3	0,5	0,3	0,6	0,6	0,5	0,2	0,37	0,6	0,1
19	0,4	0,7	1,5	2,1	2,4	2,2	4,4	5,2	4,9	3,6	3,0	2,8	2,75	5,2	0,4
20	2,0	1,8	1,5	1,6	1,0	1,1	1,6	1,5	1,2	1,1	0,9	0,7	1,33	2,0	0,5
21	0,5	0,4	0,0	−0,5	−0,1	−0,9	−0,5	−0,2	−0,3	−0,5	−0,4	−0,4	−0,27	0,5	−0,5
22	−0,5	−0,5	−0,5	−1,1	−0,9	−0,4	0,0	0,5	0,4	0,1	0,2	0,3	−0,20	0,5	−1,1
23	0,2	0,4	0,4	0,6	0,9	1,3	1,4	1,6	1,3	1,1	1,0	1,1	0,94	1,7	0,2
24	1,0	1,1	1,1	1,1	1,1	1,4	2,3	2,6	2,3	1,6	1,3	1,1	1,50	2,6	1,0
25	1,0	0,9	0,8	0,7	0,8	0,8	1,2	1,2	1,1	1,0	0,7	0,7	0,92	1,4	0,6
26	0,6	0,6	0,6	0,6	0,6	0,5	1,8	2,2	1,4	0,6	−0,4	−1,6	0,62	2,2	−2,3
27	−2,3	−3,1	−3,4	−3,6	−3,3	−3,0	−1,2	1,3	1,0	−1,3	−2,7	−4,0	−2,14	1,3	−4,2
28	−4,2	−4,4	−5,1	−5,3	−5,0	−3,7	−1,5	0,0	−0,4	−2,4	−3,9	−5,1	−3,42	0,1	−5,9
29	−5,9	−6,2	−6,8	−7,0	−6,8	−6,5	−5,2	−3,4	−2,8	−4,8	−6,1	−7,3	−5,73	−2,6	−7,3
30	−7,1	−7,2	−7,2	−7,1	−6,9	−5,5	−4,2	−2,9	−2,4	−2,4	−2,6	−2,7	−4,85	−2,4	−7,4
31	−2,7	−2,7	−2,5	−2,5	−2,2	−1,9	−1,2	0,3	−0,1	−0,8	−0,9	−1,1	−1,32	0,3	−2,7
M.M.	0,91	0,85	0,75	0,64	0,76	1,04	1,71	2,41	2,30	1,76	1,40	1,08	1,39	3,00	−0,18

Tag	Richtung (R), Geschwindigkeit (G) des Windes in 1 Secunde in Metern. 12h R G	14h R G	16h R G	18h R G	20h R G	22h R G	0h R G	2h R G	4h R G	6h R G	8h R G	10h R G	Tagesmittel G
1	S 1,2	SSE 2,6	SSE 3,1	SE 2,4	SSW 2,6	SSW 2,9	S 5,0	SSW 4,0	SSW 3,7	SSW 5,2	SSW 4,1	SSW 2,6	3,5
2	SW 2,5	S 1,4	S 1,2	S 0,7	S 1,0	S 1,0	NE 1,1	ENE 1,6	SSE 1,4	SSE 0,3	ESE 0,9	ESE 1,1	1,2
3	NE 1,4	NNE 1,7	ENE 3,0	ENE 2,8	NE 3,0	ENE 3,5	ENE 4,4	NE 2,0	ENE 2,7	E 3,0	ENE 3,2	ENE 2,6	2,7
4	E 3,0	E 1,7	SE 0,8	NE 1,0	SE 1,6	ESE 1,4	ESE 2,6	E 2,9	E 1,2	E 1,2	ENE 4,1	ESE 0,3	1,8
5	ENE 0,9	ENE 1,9	E 2,8	ENE 1,1	E 1,2	ENE 4,2	ENE 3,8	E 2,5	ESE 1,7	ENE 2,0	E 2,1	E 2,1	2,0
6	E 1,9	SE 0,4	SSE 0,7	ESE 0,9	ESE 0,6	ENE 1,1	NNE 1,2	S 0,2	ESE 0,6	SE 0,6	SE 1,4	SSE 1,2	0,9
7	SSE 1,3	SW 0,9	S 1,0	SSW 0,7	WSW 3,0	WSW 3,0	W 2,0	WSW 2,0	SSW 2,6	W 2,7	SSE 1,2	SSW 3,2	2,0
8	SSW 2,8	S 2,3	S 5,7	S 4,6	S 3,0	S 4,8	S 3,5	S 4,3	SSW 4,9	SSW 3,9	SSW 4,9	SSW 3,1	3,9
9	SSW 3,2	SSW 3,0	W 3,6	W 2,3	W 3,8	W 4,0	SSW 3,0	SW 1,8	SW 1,6	SSW 3,0	S 2,3	SSW 0,7	2,7
10	SSW 0,6	W 0,8	SW 0,9	SW 0,5	SSW 1,6	SSW 3,9	WSW 2,6	W 2,4	W 1,7	SW 1,8	SSW 1,5	S 1,9	1,7
11	S 1,0	SSE 1,4	SE 0,9	E 1,0	SSE 1,1	S 2,0	S 3,8	S 5,0	SSW 2,2	SW 0,7	W 1,6	W 2,4	1,9
12	W 6,4	W 5,0	W 3,3	W 3,5	W 5,0	W 4,0	W 1,1	WSW 1,0	SW 3,0	SSE 3,0	SSW 4,5	SSW 4,1	3,7
13	S 4,2	SSW 4,5	SSW 4,8	WSW 4,7	WNW 5,0	WNW 4,8	WNW 4,0	NW 3,2	ENE 0,9	SE 0,3	ESE 0,3	··· 0,0	3,1
14	··· 0,0	N 0,3	N 0,3	NW 0,6	NW 1,2	NNW 1,1	N 1,4	NNW 0,7	NW 0,6	N 0,6	N 0,6	SE 1,9	0,6
15	SSE 2,7	SE 1,0	SSE 0,8	SE 0,3	E 1,8	E 1,7	NW 0,3	WSW 0,9	— 1,0	— 1,5	— 1,2	WSW 1,0	1,2
16	SSE 1,0	SSW 1,0	SW 1,4	S 1,5	SSW 2,2	S 1,6	SSW 1,0	SW 0,7	ESE 1,0	SSE 0,6	ESE 0,9	SSE 1,3	1,2
17	SSW 1,2	WSW 1,0	SSW 1,0	WSW 0,6	S 1,1	SSW 1,0	WSW 0,5	S 1,0	SSE 0,9	SSE 0,8	SW 0,7	S 1,3	0,9
18	S 1,7	S 1,0	SW 1,4	SW 1,3	S 2,0	S 2,0	S 1,6	SSW 1,2	WSW 0,1	SSW 1,7	WSW 1,7	W 1,3	1,1
19	SW 1,8	SW 1,3	WSW 0,9	NNE 0,6	N 0,6	SW 1,0	W 2,1	W 2,6	W 1,8	W 1,4	W 2,2	W 2,8	1,6
20	W 3,0	W 2,1	W 2,5	W 2,1	NNW 2,6	NNW 3,0	NNW 3,4	NNW 2,8	NW 2,5	N 2,9	N 2,7	NNW 3,0	2,4
21	N 2,6	NNW 2,8	NNE 3,8	N 1,9	N 2,4	NNE 3,7	NNE 3,0	N 3,0	N 2,9	N 2,8	N 1,1	NNW 0,8	2,6
22	NNW 1,6	NNW 1,9	N 2,1	NNW 2,0	WNW 1,4	W 1,2	W 1,4	WNW 1,8	W 1,7	W 2,0	W 2,0	SSW 0,2	1,7
23	SW 0,6	W 1,6	W 0,7	W 3,0	W 3,0	W 3,0	W 1,7	W 3,2	W 3,2	W 3,4	W 3,0	W 1,2	2,6
24	NNW 0,4	SW 0,6	WSW 0,3	WSW 0,9	SW 0,8	SW 0,8	W 1,3	WNW 1,2	N 0,6	WNW 0,3	N 0,2	NW 0,4	0,6
25	S 0,3	SW 0,2	NW 0,1	S 0,3	S 0,3	NW 0,7	N 0,8	N 0,4	ENE 1,1	ESE 0,4	W 0,1	SW 1,1	0,5
26	SE 0,3	S 0,4	SSE 0,5	S 1,6	SW 1,8	S 1,7	SSW 3,2	SW 2,2	SW 0,9	SSW 4,1	SSW 3,1	SSW 2,4	1,8
27	SSW 1,7	SSW 1,8	SW 2,0	S 2,0	SW 1,2	S 1,8	WNW 0,5	WSW 1,0	NE 1,2	N 0,1	N 1,0	NNE 0,6	1,3
28	N 0,2	SW 0,1	SE 0,6	SSE 1,4	WSW 0,5	S 1,0	SSE 0,7	NE 0,6	NE 0,8	NNE 0,8	N 0,1	N 0,6	0,6
29	NNW 0,4	NW 0,3	NNW 0,2	N 0,6	N 0,3	N 0,5	NW 0,1	NW 0,7	NW 0,6	NNW 0,9	NNW 0,8	NNW 1,0	0,6
30	NNW 0,3	N 0,3	ENE 0,1	··· 0,0	NW 0,1	ESE 1,0	SE 1,5	S 1,2	SE 0,9	S 1,7	SSE 1,7	SSE 1,3	0,8
31	SE 1,0	SE 1,1	SSE 1,0	S 1,0	SSE 1,9	SE 1,9	SE 0,8	ENE 0,9	E 2,0	NNE 1,4	ENE 0,2	E 0,5	1,1
M.M.	1,74	1,53	1,66	1,56	1,86	2,11	[illegible]	[illegible]	1,71	1,72	1,71	1,56	1,77